KRÜGER

Salman Ansari

Rettet die Neugier!

Gegen die
Akademisierung
der Kindheit

KRÜGER

MIX
Papier aus verantwortungsvollen Quellen
FSC® C083411

2. Auflage Juni 2013
Erschienen bei FISCHER Krüger

Satz: Pinkuin Satz und Datentechnik, Berlin
Druck und Bindung: CPI books GmbH, Leck
Printed in Germany
ISBN 978-3-8105-0192-9

Dieses Buch widme ich allen Kindern und Erzieherinnen, die mich bei der Realisierung meiner unterschiedlichen Projekte begeistert unterstützt und mir tatkräftig geholfen haben.

Inhalt

Das Denken der Kinder

Nie zuvor hat man sich über die Frühförderung von Vorschulkindern so viele Gedanken gemacht wie heute: Chemiekästen für Kleinkinder, Chinesisch in Kitas, Kinder-Unis für Grundschüler, um nur einige Beispiele zu nennen. Kaum ein Elternpaar (zumindest nicht im bürgerlichen Milieu), das seinen Nachwuchs nicht an irgendeinem Zeitpunkt in den frühen Jahren für hochbegabt und daher besonders förderungsbedürftig hielte. Eine Generation von innovativen Nachwuchsforschern wächst da heran; die Zukunft und der Wohlstand unserer Gesellschaft müssten gesichert sein.

Doch schon in der Schule scheint die Begeisterung für die unterschiedlichsten Naturphänomene zu erlöschen. Aus wissensbegierigen, aufgeschlossenen Kindern werden desinteressierte, passive Schüler. An manchen Gymnasien kommen keine Leistungskurse in den MINT-Fächern (Mathematik, Informatik, Naturwissenschaften, Technik) mehr zustande. An den Universitäten stagniert das Interesse an diesen Fächern. Mittlerweile fehlen deutschen Unternehmen um die 200 000 Mathematiker, Naturwissenschaftler und Techniker. Der steigende Fachkräftemangel bedroht das gesamtwirtschaftliche Wachstum wie nie zuvor. Irgendetwas scheint schiefzulaufen. Die Kinder werden anscheinend nicht mitgenommen bei den ehrgeizigen Frühförderungsprogrammen und Lehrplänen.

Einblick in dieses Phänomen können uns die modernen kognitiven Wissenschaften und die Hirnforschung geben, die sich seit Jahren damit auseinandersetzen, wie die innere Welt von Kindern aussieht, wie es ist, ein Baby oder ein Kleinkind zu sein. Man weiß heute, dass in keiner Phase des Lebens die Fähigkeit zur ungeteilten, nicht zielgerichteten, entdeckenden Aufmerksamkeit so ausgeprägt ist wie in den frühen Jahren, in denen das Kleinkind seine Umwelt schrittweise zu erkunden beginnt. Das erklärt auch, warum man ein Vorschulkind für praktisch alles begeistern kann. Es geht ihm allein um das Verstehen und Begreifen seiner Wirklichkeit, die es sich ja erst erobern muss. Kleinkinder können nicht auswählen, welche Lernarten und Erfahrungsmöglichkeiten ihnen am ehesten dabei helfen, sich wertvolle Kompetenzen anzueignen. Ihre Entwicklung ist abhängig von den Einstellungen, Überzeugungen und Entscheidungen der Erwachsenen, die für sie verantwortlich sind. Damit sich die ungeteilte kindliche Lernbereitschaft und das Vorstellungsvermögen ungehemmt fortentwickeln können, ist es ausschlaggebend, welche alltäglichen Lernumgebungen und Welterfahrungen den Kindern zugänglich sind, und welches Maß an Zuwendung und Verständnis der Erwachsenen ihnen dabei zuteil wird.

Es ist also von großer Bedeutung zu lernen, wie Kinder denken, bevor man – sozusagen als Wissenschaftler – mit den Kindern über einen Sachverhalt spricht und Zusammenhänge erklärt. Aus einer Erwachsenenperspektive konzipierte Projekte schränken die geistige Beweglichkeit unserer Kinder ein und sind deshalb oft nicht nur teure Zeitverschwendung, sondern auch höchst fragwürdig: Es werden dabei sinnstiftende Alltagserfahrungen zugunsten von akademischen Kategorien verdrängt. Also von Lernstrategien, die nur die als wissenschaftlich korrekt geltende Interpretation der Natur gelten lassen, anstatt Lernkonzepte zu entwickeln und anzuwenden, die Kindern und Jugendlichen zugänglich sind und ihnen dabei helfen, selber den Weg zu den Naturgesetzlichkeiten zu beschreiten. Denn Erklärungen erweisen sich stets als Wissen aus zweiter Hand, zumal die Kinder keine Möglichkeit haben, reflektierend über sie nachzudenken, weil ihnen ein Rückgriff auf die Widersprüche ihres Weltverständnisses nicht möglich ist.

Wenn man Kinder ernst nehmen und verstehen will, ist es also unabdingbar und beglückend, die kindlichen Denkmuster nachempfinden zu lernen. Erst dann entdeckt man ihre Logik und ihr Weltbild. Eine solche Wissensvermittlung bedarf des Dialogs auf Augenhöhe, in dem alle Beteiligten wissen möchten, wie die Anderen über ein bestimmtes Phänomen denken. Erst im Dialog kommen unterschiedliche Vorstellungen, Überzeugungen und Bilder zum Ausdruck. Die Abwesenheit von solchen Dialogen bei Lehrprozessen in Kitas und Schulen könnte ein Grund dafür sein, weshalb viele Kinder und Jugendliche in diversen Bildungseinrichtungen scheitern. Anders ausgedrückt: Wenn die Lehrenden versuchen, ihre eigenen Vorstellungen und Schemata auf die Kinder zu übertragen, dann kann eigenständiges Lernen nicht stattfinden. Daher ist es so wichtig, erst die kindlichen Vorstellungen über einen Sachverhalt zu erkunden. Etwas in ein vorhandenes Schema hineinzupressen, scheitert, weil die Passung nicht da ist. Der Entwicklungspsychologe Jean Piaget formuliert diesen Zusammenhang wie folgt:

Das Lernen muss zum Ziel haben, kreatives Denken herauszufordern. Ein Denken also, das darauf gerichtet ist, selber Antworten zu finden und kritisch gegenüber Antworten zu sein, die von Anderen angeboten werden.

Im Rahmen dieses Buches soll über Aspekte einer falsch verstandenen Frühförderung nachgedacht und vor dem Hintergrund neuerer wissenschaftlicher Erkenntnisse beleuchtet werden, warum derartige Programme für die geistige Entwicklung von Kindern sogar hinderlich sein könnten. Mit Hilfe zahlreicher Beispiele wird gezeigt, dass es Alternativen gibt, die den Kindern dabei helfen können, sich selber und ihre Welt zu entdecken und besser zu verstehen. Alle Beispiele sind für Eltern und für Erwachsene, die mit Kindern zusammen arbeiten, auch ohne naturwissenschaftliche Bildung leicht umsetzbar und hoffentlich geeignet, sich gemeinsam mit den Kindern die Welt neu anzueignen.

Erstes Kapitel

Der Wunsch zu lernen ist der Wunsch nach Bewältigung der Wirklichkeit

> *Teil einer zukunftsfähigen Allgemeinbildung sind (...) Fähigkeiten der Selbstorganisation und Selbstregulation des Lernens einschließlich der Bereitschaft, selbständig weiterzulernen und der Fähigkeit, Durststrecken im Lernprozess zu überstehen.*
> BLK 1997

Begabte und erfolgreiche Menschen bekunden nicht selten, sie verstünden nichts von Naturwissenschaften, diese seien die Angstfächer ihrer Schulzeit gewesen. Andererseits belehren uns die Kognitionswissenschaften, dass Menschen für das Verstehen der naturwissenschaftlichen Zusammenhänge keine spezielle bzw. spezifische Intelligenz benötigen, die sich deutlich von allen anderen Denkformen unterscheidet. Ebenso gäbe es keine genetisch verankerte Veranlagung, um erfolgreich in naturwissenschaftlichen Kategorien denken zu können. Das menschliche Denken und Verstehen bedient sich also derselben Instrumentarien, zum Beispiel des Abstraktionsvermögens und des Kausaldenkens, um ganz unterschiedliche Denkmuster, Systeme und Arbeitsmethoden zu verstehen. Wer beispielsweise philosophische Abhandlungen nachvollziehen kann, kann sich ebenso gut in betriebswirtschaftliche Modelle hineindenken. Darüber hinaus legen wissenschaftliche Befunde es nahe, dass selbst Babys und ganz kleine Kinder eine Art Abstraktionsvermögen besitzen und Ereignisse in ihrer Welt in einem kausalen Kontext einordnen und verstehen können. Woran liegt es also, dass so viele gescheite Menschen den naturwissenschaftlichen Fächern nichts abgewinnen können?

Lernen macht für uns nur dann Sinn, wenn wir dabei die Chance erhalten, unser bereits erworbenes Wissen eigenständig zu vernetzen bzw. zu übertragen, um neue Zusammenhänge zu verstehen. Der Pädagoge Martin Wagenschein (1896–1988) spricht in diesem Zusammenhang davon, dass die Schulpädagogik nicht darauf ausgerichtet ist, die »vorwissenschaftlichen« – heute würden wir sagen die »naiven« – Vorstellungen der Jugendlichen bei der Interpretation von Naturphänomen mit einzubeziehen. Denn nur so könne es gelingen, die Sichtweisen der Jugendlichen in einen kreativen Lernprozess zu integrieren, der ihnen letztlich hilft, Widersprüche ihres Weltverständnisses zu entdecken und selbständig zu korrigieren. Wagenschein geht es darum, dass der Unterrichtsgang ausgehend von vertrauten Phänomen *Staunen* auslöst, Fragen der Kinder provoziert, Vermutungen weckt und unterstützt, Ausdenken von Experimenten fördert, ja, Kinder und Jugendliche sogar mit Fragen konfrontiert, die frühere Generationen an die Natur gestellt haben. Es geht also nicht um einen Unterricht, der sofort nur die als wissenschaftlich korrekt geltende Interpretation der Natur gelten lässt, sondern Kindern und Jugendlichen dabei hilft, selber den Weg zu den als richtig erachteten Naturgesetzlichkeiten zu beschreiten. Die modernen kognitiven Wissenschaften, die Hirnforschung und die Entwicklungspsychologie sagen nichts anderes, wenn es um das Verstehen und Begreifen der Wirklichkeit geht.

Vermutlich fühlen sich viele Kinder und Jugendliche vom naturwissenschaftlichen Unterricht besonders enttäuscht und frustriert, weil er ihr Weltwissen und ihre potentiellen Möglichkeiten zur Kreativität ausblendet. Doch was bedeutet Weltwissen? Diese Frage möchte ich versuchen, mit einigen Beispielen zu beantworten. Der Philosoph Descartes war davon überzeugt, dass Körper und Geist voneinander vollkommen unabhängig seien; nur der Geist könne denken und sich somit Wissen aneignen, der Körper jedoch nicht, nach dem Motto: *Cogito, ergo sum. – Ich denke, also bin ich.*

Stellen Sie sich vor, Sie könnten selber entscheiden, wie Ihr Körper sich beim Gehen, Springen, Rennen, Hüpfen, Schwimmen usw. verhalten soll. Wird es Ihnen dann beispielsweise gelingen, beim Gehen mit den Füßen nach vorn zu stoßen? Werden Sie, gerade stehend, also ohne in die Knie zu gehen, hochspringen können? Werden Sie beim Schwimmen vorwärts kommen können, während Ihre Arme das Wasser nach vorn schieben? Werden Sie ein Boot nach vorn bewegen können, während Sie vorwärts rudern? Werden Sie beim Radfahren eine Kurve nehmen können, ohne das Rad zu neigen? Werden Sie einen Roller vorwärts bewegen können, während Sie mit einem Fuß nach vorne stoßen?

Bei all den oben erwähnten Bewegungsabläufen, und es sind hier nur wenige aufgezählt, verhält sich unser Körper so, dass wir die beabsichtigte Bewegung ausführen können, ohne darüber nachzudenken. Unser Körper gehorcht den Naturkräften, die auf ihn wirken. Der Körper weiß also, wie er sich orientieren soll. Würde man uns fragen, welche Kräfte denn das Verhalten des Körpers lenken, werden wir ratlos werden. Auf die Frage, in welche Richtung unsere Füße sich beim Gehen bewegen, stehen selbst Studenten der Physik auf, um zu probieren, wie ihre Füße sich tatsächlich verhalten. Frage ich jedoch nach den Gesetzen von Newton, dann können sie diese mühelos aufzählen. Zum Beispiel aktio = reaktio. In der Schule haben wir wohl gelernt, dass jede Kraft, ausgeführt in die eine Richtung, eine Gegenkraft in die entgegengesetzte Richtung zur Folge hat. Immer wieder erfahren wir das Zusammenspiel von Kraft und Gegenkraft. Wir steigen zum Beispiel in einen Bus ein und entdecken einen freien Sitz im hinteren Teil. Wenn der Bus im selben Augenblick anfährt, erleben wir, wie unser Körper einen kräftigen Schub nach vorn erfährt. Doch all dieses authentische Wissen können wir nicht heranziehen, um die tagtäglichen Bewegungsmuster des Körpers in Übereinstimmung mit den Naturgesetzen zu interpretieren. Und zwar deshalb nicht, weil in der Schule das »Wissen des Körpers« nicht ins Bewusstsein gehoben und somit zum Gegenstand des Nachdenkens gemacht wurde. Die gelernten Gesetze von Newton bleiben als totes Wissen in irgendwelchen Kanälen unseres Gehirns hängen. Ich habe Studenten der Physik, Lehramtskandidaten, ja, sogar Pädagogen folgende Frage gestellt, ohne dass ich eine einfache Antwort darauf bekam, also eine Antwort, die sich auf alltägliche Erfahrungen zurückführen ließe: *Lasse ich einen Ball auf den Boden fallen, dann springt er hoch. Lasse ich denselben Ball in einen Sandkasten fallen, dann bleibt er liegen. Wie kann man dieses Phänomen deuten?*

Dabei wissen wir, dass wir im Sand nicht gut hochspringen können. Wir wissen auch, dass wir zum Hochspringen die Hilfe des Bodens brauchen. Diese bekommen wir jedoch nur in befriedigendem Umfang, wenn wir, auf einem festen Boden stehend, ihn kräftig nach unten drücken, damit er uns nach oben schickt. Auf dem Sandboden gehen jedoch Teile der ausgeübten Kräfte durch das Wegbewegen des Sandes verloren. Aus demselben Grund fällt es uns schwer, eine Düne ohne große Anstrengung hochzusteigen. Die Gesetze von Newton kennt unser Körper aus unterschiedlichen Erfahrungen sehr wohl. Newton hat über sein »Weltwissen« reflektiert, Fragen an die Naturgesetze gestellt. Er hat also über das Verhalten seines eigenen Körpers bei Bewegungsabläufen nachgedacht und nach deren Gesetzmäßigkeiten gesucht. Ferner hat ihn interessiert, was man braucht, um einen sich bewegenden Gegenstand, zum Beispiel einen Fußball, zum Stillstand zu bringen. Beides ist ohne die Anwendung von Kraft nicht möglich. Die Antworten auf seine Fragen fand er in den vielen Erscheinungsformen der Natur selbst.

Diesen Aspekt hat Martin Wagenschein unübertrefflich klar wie folgt zusammengefasst: *Wir müssen verstehen lehren. Das heißt nicht: es den Kindern nachweisen, so dass sie es zugeben müssen, ob sie es nun glauben oder nicht. Es heißt: sie einsehen lassen, wie die Menschheit auf den Gedanken kommen konnte (und kann), so etwas nachzuweisen, weil die Natur es ihr anbot (und weiter anbietet). Und wie es dann gelang und je neu gelingt.*

Wir haben offensichtlich keinen »freien Willen«, wenn wir uns mit unseren Sinnen und unserem Körper in der Welt orientieren. Aus dieser Erfahrung, die nicht hinterfragt wird, entwickeln wir unser räumliches Verständnis und die unterschiedlichen Verhaltensformen des Körpers bei verschiedenen Bewegungsarten. Zum Beispiel lernen wir bei diversen Spielarten, dass wir, je besser wir das Spiel beherrschen, umso leichter unerwartete Spielsituationen bewältigen können. Ein Fußballer denkt während des Spiels nicht über jede Bewegung nach. Sein Körper weiß, wie er sich zu verhalten hat. Diese Art des Wissens, das beim schulischen Lernen keine Rolle spielt, möchte ich als »Weltwissen« bezeichnen. In wissenschaftlicher Sprache wird dies auch als »implizites Wissen« genannt. Hier noch einige weitere Beispiele:

Stellen Sie sich vor, Sie sind in der Lage blind zu tippen, haben lange an Ihrem Rechner gearbeitet und werden nun aufgefordert, aus dem Gedächtnis die Reihenfolge der Buchstaben auf der Tastatur aufzuzeichnen. Werden Sie es schaffen? Auch dies ist ein Beispiel dafür, dass der Körper etwas weiß, was uns nicht bewusst ist.

Das Trägheitsgesetz von Newton kann man wie folgt interpretieren: Ein Körper bleibt in Ruhe oder in gleichförmiger geradliniger Bewegung, solange die Summe der auf ihn wirkenden Kräfte null ist.

Auch dies kennt unsere körperliche Erfahrung, z. B. beim Seilziehen. Solange beide Parteien gleich stark am Seil ziehen, herrscht Stillstand, obwohl Kräfte ausgeübt werden.

Solange beide Parteien gleich stark am Seil ziehen, herrscht Stillstand, obwohl Kräfte ausgeübt werden.

Dass wir uns beim Autofahren anschnallen, ist auch eine Folge des Trägheitsgesetzes. Wenn plötzlich gebremst wird, behält der Köper seine Bewegung bei und würde folgerichtig nach vorn fallen oder gar hinausfliegen, wenn der Gurt dem nicht Einhalt gebieten würde.

Ein weiteres Beispiel sind die Hebelgesetze:

Die beiden Kinder wiegen unterschiedlich viel. Die Bilderfolge zeigt, dass sie sich dann im Gleichgewicht befinden, wenn das leichtere Kind sich vom Mittelpunkt der Wippe weiter weg bewegt als das Kind mit größerem Gewicht.

Das Gesetz lautet:

Kraft × Kraftarm = Last × Lastarm

Wir gehen jeden Tag ganz selbstverständlich mit vielen Geräten um, deren Wirkungsweise auf Hebelgesetzen beruht. Hier einige Beispiele:

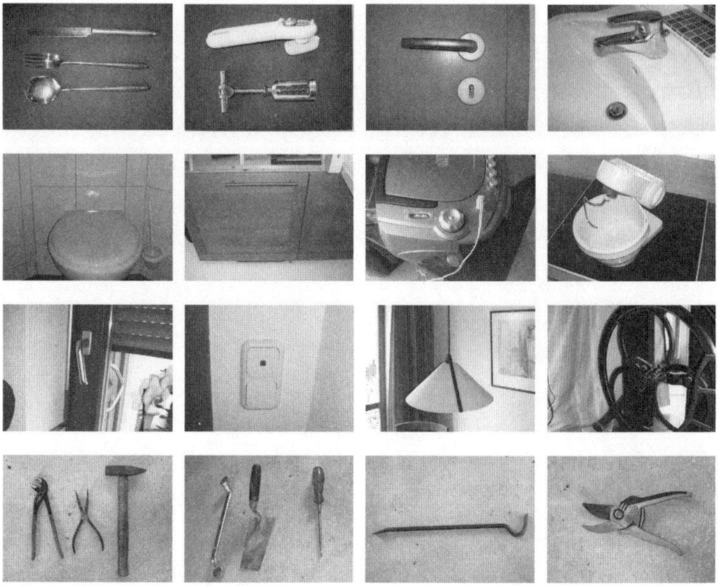

Auch beim Schwimmen weiß unser Körper, welche Kräfte auf ihn wirken. Implizit wissen wir, dass wir mehr Kraft aufwenden müssen, je tiefer wir tauchen. Wir wissen auch, dass beim Springen von einem Sprungbrett der Körper erst einmal tief ins Wasser hineinsinkt, jedoch von selber wieder hochkommt, ohne dass wir dazu Kräfte aufwenden müssen. Wir kennen somit die Kräfte, die im Wasser auf den Körper wirken (Auftrieb). Wir erleben auch, dass wir schwere Gegenstände im Wasser erheblich leichter bewegen können. Und dass sich genau in dem Augenblick, wo wir aus dem Wasser steigen, der Körper auf einmal schwerer anfühlt. Denn ab dem Moment trägt uns die Kraft im Wasser nicht mehr. All dieses Wissen ist da und wird doch nicht herangezogen, um uns die Naturgesetze verständlich zu machen. Begriffe wie »Auftrieb« oder »Verdrängung« würden wir dann besser verstehen und somit begreifen können, wenn wir die Chance der Bewusstwerdung von Phänomenen bekämen, die unser Körper bereits weiß. Das heißt, wenn es den Lehrern oder Eltern gelänge, das »implizite« Wissen »explizit« zu verwandeln. Wenn wir Kindern dabei helfen wollen, die Welt besser zu verstehen, müssen wir nachvollziehen lernen, wie sie sich ihre Welt aneignen.

Kein Kind würde etwas lernen wollen, wenn es das Gelernte nicht nutzbar machen könnte, um sich selber und seine Wirklichkeit zu entdecken. Das kindliche Lernen ist unmittelbar mit der Anwendung des erworbenen Wissens verbunden. Jedes Kind versucht unermüdlich, sich immer neue Fertigkeiten anzueignen, die es dann auch sofort anwenden will. Hier zwei Beispiele: Wenn ein Kind nicht mehr gefüttert werden möchte, versucht es, selbständig zu essen. Das beginnt schon damit, dass es unzählige Male übt, einen Löffel zu ergreifen. Kann es dann den Löffel halten, dann möchte es auch ohne Hilfe essen. Oft habe ich erlebt, wie erbittert Kinder um ihre Selbständigkeit kämpfen. Denn viele Eltern unterstützen diesen unbändigen Drang zur Selbständigkeit nicht, weil sie Angst haben, das Kind könnte sich oder den Esstisch bekleckern.

Befindet sich eine Treppe im Haus, dann möchten Kinder, die gerade das Gehen gelernt haben, diese auch aufrecht hinaufklettern. Jeder Versuch der Erwachsenen, ihnen dabei zu helfen, wird vehement abgewiesen. Fällt das Kind dabei, dann weint es erst, aber dann beginnt ein neuer Versuch. Ähnliche Beispiele gibt es zuhauf.

Das ursprüngliche, also vorschulische Lernen ist auf die sinnliche Erfahrung ausgerichtet, die dem Kind hilft, Zusammenhänge zu begreifen, um sich in seiner Welt zu orientieren. Kinder lernen daher nicht auf Vorrat.

Ein Wissen, das niemals in einen Dialog mit der Wirklichkeit eintreten kann, ist nutzlos. Dieses unnütze Wissen ist eine Beeinträchtigung unserer geistigen Beweglichkeit. Wer könnte leugnen, dass er ein gehöriges Gepäck von diesem nutzlosen Wissen mit sich herumträgt. So lernen wir in unserer Schulzeit in allen Fächern sehr viele Sachverhalte, an die wir uns später weder erinnern, noch diese in der Alltagspraxis zur Anwendung bringen können. Der englische Gelehrte Alfred North Whitehead bezeichnet ein solches Wissen als »inert«. Inert ist etwas, das regungslos da ist, untätig, ohne Reaktionsfähigkeit auf irgendeinen Stimulus.

Wie können wir nun unsere Kinder gegen ein solches Wissen schützen? Und wie können Eltern, Erzieher bzw. Erzieherinnen und andere Erwachsene dazu beitragen, dass Kinder sich selber und ihre Umwelt besser verstehen lernen?

Entwicklungspsychologisch begründete Erkenntnisse, welche Strategien die Wirksamkeit von Lernprozessen günstig beeinflussen, sind dabei von grundsätzlicher Bedeutung. Was wissen wir darüber, welche Bedingungen das Denken der Kinder und ihrer sinnlichen Erfahrungsmöglichkeiten stimulieren und somit die Lerneffizienz und den Erwerb von neuen Kompetenzen ermöglichen?

Im Folgenden möchte ich drei Aspekte vorstellen, die für das Lehren und Lernen von elementarer Bedeutung sind.

Kinder sind die wahren Welterforscher

Kinder haben einen geradezu unbändigen Drang selbständig zu lernen. Sie sind in gewisser Weise Forscher und Erfinder. Denn ähnlich wie diese sind sie in der Lage, mit ungebrochener Unbefangenheit, Begeisterung und Ausdauer Dinge zu lernen und zu erforschen. Sehr junge Kinder besitzen bereits die Fähigkeit kausal zu denken. Sie agieren wie Erfinder, bilden Hypothesen und Theorien. Fähigkeiten, die bei vielen Schülern später oft vermisst werden. Während der Schulzeit scheinen diese bereits vorhandenen Kompetenzen verschüttet zu werden. Wie dies verhindert werden kann und wie die bereits vorhandenen Handlungs- und Orientierungsmöglichkeiten der Kinder entfaltet werden können, das sind die drängenden Fragen, die sich uns stellen. Da Kinder nicht selber entscheiden können, welche Aspekte der Welterfahrung ihre geistigen Fähigkeiten potentiell fördern, müssen Eltern und andere Bezugspersonen eine Lernatmosphäre schaffen, die Kinder dazu ermutigt, ihre Umwelt ungestört zu erforschen. Andererseits muss die Gesellschaft eine Antwort darauf finden, weshalb die meisten Kinder hochmotiviert, mit einem unbändigen Lerneifer in die Schule kommen, aber bereits am Ende der Grundschule, manchmal sogar früher, ihr ursprüngliches Bedürfnis, sich neue Kompetenzen anzueignen, erlahmt und stattdessen ein Gefühl von Enttäuschung und Versagen das Empfinden der Kinder bestimmt. Ein solches Empfinden können Kinder nicht vortäuschen und sich einbilden, sondern es hat tiefer reichende Gründe. Weil Kinder nicht selber die Gründe benennen können, müssen die verantwortlichen Erwachsenen genauer nach den Ursachen forschen. Die Kognitionswissenschaften, die Entwicklungspsychologie und die Hirnforschung haben bedeutende Erkenntnisse über die Prozesse des Lehrens und Lernens gewonnen. Diese Erkenntnisse sind hilfreich, um die Schwachpunkte im Bildungssystem zu erkennen. Vor dem Hintergrund dieser Erkenntnisse möchte ich auf folgende Zusammenhänge hinweisen:

An das Wissen der Kinder anknüpfen

Bereits das Kindergartenkind hat seine ganz eigene Art und Weise mit Problemen umzugehen und besitzt eigenständige Vorstellungen und Konzepte, um die Wirklichkeit zu verstehen. So können schon zwei- bis dreijährige Kinder kleine Geschichten erzählen und die Handlung einer Erzählung mit verfolgen. Sie können sich besinnen, Fragen stellen, Urteile bilden, argumentieren, streiten, eine Vielzahl von Objekten klassifizieren und schlussfolgern. Sie besitzen somit alle Fähigkeiten, die nötig sind, um weiteres Wissen zu erwerben.

Was ein Kind zu irgendeiner Sache meint und welche Vorstellungen es bereits darüber besitzt, werden wir jedoch nur dann erkennen können, wenn wir uns bewusst und gezielt darum bemühen, seine Meinung zu befragen und seine sprachlichen Äußerungen zu verstehen. Wir müssen versuchen, uns dem Blickwinkel der Kinder anzunähern.

Ein möglicher Weg, das Weltwissen der Kinder auszuloten, und ein zutreffendes Bild von ihrem Weltverständnis zu bekommen, besteht darin, Schritt für Schritt zu lernen, die Fragen, Beschreibungen und Bemerkungen der Kinder in einem Zusammenhang zu begreifen, der auf den Erfahrungsmöglichkeiten der Kinder beruht. Ein Beispiel: Beim Betrachten von Bildern, die Schneckenarten darstellen, ruft ein Kind aus: »Schau diese Schnecke hat ein Haus, diese nicht!« Die Unterschiedlichkeit beschäftigt das Kind. Hier können wir durch Fragen weiterhelfen, wie z. B. »Vielleicht braucht diese das Haus und die andere nicht?« »Vielleicht muss sich manchmal die eine in ihr Haus verkriechen und sich verstecken. Aber warum hat die andere diese Möglichkeit nicht?« »Gibt es noch andere Tiere, die ein Haus mit sich herumtragen?«

Es geht immer darum, Formen der Kommunikation und

des praktischen Handelns zu entwickeln, die hilfreich sein könnten, Kindern ihre Welt besser verständlich zu machen.

Dies setzt jedoch voraus, dass die Erwachsenen Klarheit über ihre Vorgehensweisen besitzen; d.h., das Lernziel und die Auswahl der Mittel bzw. Strategien müssen zum Erreichen des Ziels genau überlegt sein.

Von Bedeutung dabei ist, dass Erwachsene ihre eigenen Erfahrungen in die Zusammenarbeit mit den Kindern einbringen, statt eines Fachwissens, das sie möglicherweise selber nicht ganz verstanden haben. Ausgangspunkt kann eine Beobachtung wie die der Schnecke sein, eine Geschichte oder eine Frage, die die Kinder ermuntert, eigene Fragen zu stellen und Antworten zu finden, wobei sie aber immer das Gefühl haben müssen, selbständig und nach ihrem eigenen individuellen Tempo handeln zu können. Zeit geben heißt, Kindern dabei helfen, sich neue Kompetenzen anzueignen.

Auch im Schulunterricht wird versucht, die eigene Erfahrung der Kinder in Zusammenhang mit wissenschaftlichen Erkenntnissen zu bringen. Allerdings ist ein solcher Ansatz wenig erfolgreich, wenn ihm eine Voraussetzung fehlt: nämlich die Kenntnis darüber, welche Vorstellungen die Kinder bereits über den jeweiligen Sachverhalt besitzen, der gelernt werden soll.

Ein wirkliches Verstehen der Naturerscheinungen kann nur durch eine Ablösung von falschen und naiven Vorstellungen zugunsten von wissenschaftlich gesicherten Erkenntnissen erreicht werden. Nur durch das Herstellen von Lernsituationen, in denen das eigene Wissen selbständig korrigiert werden kann, wird das Verstehen von Zusammenhängen und die Veränderung des Wirklichkeitsbildes erreicht. Gelingt das nicht, bleiben naive Vorstellungen bis ins Erwachsenenalter haften. Im siebten Kapitel behandle ich diesen Aspekt ausführlich.

Das Wort »entdecken« könnte folgende Bedeutungen enthalten: herausfinden, aufspüren, ermitteln, herausbekommen usw. Wir können allerdings nur dann etwas herausfinden oder aufspüren, wenn es uns gelingt, auf der Grundlage unseres vorhandenen Wissens und unserer Erfahrung eine Sache gezielt zu erforschen. Dazu werden wir nur dann bereit sein, wenn sie uns bedrängt oder wenn ein Ereignis, das in einem von uns nachvollziehbaren Kontext steht, uns rätselhaft erscheint und zu Fragen anregt. Jedenfalls werden wir nicht als Forschende agieren können, wenn uns die Fragestellung künstlich aufgedrängt oder uns in einer Art und Weise präsentiert wird, die sich unseren Erfahrungsmöglichkeiten, unseren Interpretationsmöglichkeiten entzieht.

Auch im Kindergarten bleiben naturwissenschaftlich orientierte Tätigkeiten oft losgelöst im Raum stehen, ohne dass Zusammenhänge mit Alltagsbeobachtungen der Kinder hergestellt werden. Die Kinder erwerben somit ein Wissen, das sie nicht auf die erlebte Wirklichkeit übertragen können.

Ein Beispiel:

Um zu beweisen, dass Luft Masse hat, wird folgendes Experiment für Kindergartenkinder vorgeschlagen:

Ein leeres Glas, in dem sich ein Stück Papier befindet, wird umgekehrt in eine Wasserwanne getaucht. Das Wasser steigt nicht hoch und das Papier bleibt trocken.

Selbst Grundschulkinder interpretieren diesen Versuch so: »Die Luft im Glas ist so stark, dass sie das Wasser nicht hochsteigen lässt.«

Tatsächlich herrscht jedoch im Glas der gleiche Druck wie außerhalb des Glases, also der jeweilige Luftdruck. Diesen Sachverhalt können Grundschulkinder aber noch nicht verstehen, weil sie noch kein Konzept für den atmosphärischen

Druck haben. Dabei soll dieser Versuch den Kindern verdeutlichen, dass Luft tatsächlich eine Substanz bzw. Masse besitzt. Dies wissen die Kinder allerdings implizit ohnehin und werden durch diesen Versuch nur verunsichert bzw. zur Bildung von Fehlvorstellungen animiert.

Wenn wir über das Verhalten von Luft sprechen, dann sprechen wir über den gasförmigen Zustand der Materie. Kinder sind mit dem Begriff »Luft« vertraut, weniger jedoch mit »Gas«. Mit kleinen Kindern kann man also durchaus über Luft sprechen, und man lernt dann, dass sie in der Lage sind, damit unterschiedliche Beobachtungen zu beschreiben. So können sie berichten, dass Luft, bzw. der Wind die Baumblätter zu bewegen vermag. Der Wind kann große Piratenschiffe vorantreiben, und wenn es richtig stürmt, dann können Dächer vom Wind abgedeckt werden. Ähnliches berichtet auch Jean Piaget 1928 in seinem Buch »The Child's Concept of the World«. Will man den Kindern die Eigenschaften von Luft experimentell näherbringen, dann wird ein Verstehen nur dann erreicht, wenn Kinder mit einigen grundlegenden physikalischen Begriffen vertraut sind. Hierzu zählen beispielsweise: Menge, Volumen, Masse, Druck, Temperatur. Alle Experimente, die zum Thema »Luft« vielerorts in Kitas gezeigt werden, beinhalten all diese Dimensionen der Physik. Können Kindergartenkinder diese Dimension verstehen?

Wissenschaftliche Studien zeigen, dass Kinder unter elf Jahren in der Regel die Luft als etwas begreifen, was da ist, was man nicht sehen und nicht anfassen kann. Ab elf Jahren existiert die Luft als etwas Substantielles. Auf die Frage »Enthält ein offenes Gefäß Luft?«, antworten 83 Prozent der Elf- bis Zwölfjährigen mit einem »Ja«. Diese Kinder werden unsicher, wenn man ihnen sagt, dass in einem leeren Reifen nach einem Platten noch Luft ist, und zwar so viel, dass sie einen Druck ausübt wie der atmosphärische Druck. Kinder wissen auch, dass sich die Luft durch kleinste Öffnungen hindurchbewegen kann, und sie gehen davon aus, dass die Luft von Natur aus warm und kalt sein kann. Sie begreifen die Luft als etwas Lebendiges. Die Kategorien »Luftdruck« oder »Ausdehnung« sind Kindern weniger zugänglich. Das Wissen darüber, dass Luft »etwas« sei, bedeutet jedoch nicht, dass damit auch verstanden wird, dass die Menge und Masse der Luft in jeder Transformation erhalten bleiben. Fast alle Kinder im Alter von elf bis zwölf Jahren meinen, dass man Luft nicht künstlich erhitzen könne. Selbst, wenn sie erfahren, dass Luft heißer gemacht werden kann, verbinden sie damit nicht, dass sich dadurch die Eigenschaften der Luft verändern; dann wird sie eben wärmer. Verbindet man Temperatur mit der Menge, dann meinen die Kinder, dass die erhitzte Luft leichter sei. Dass in einem verschlossenen Gefäß die Luft einen Druck (besser »Kraft«) ausübt, und bei erhöhter Temperatur der Druck steigt, können sich die Kinder nicht vorstellen. Den Begriff »Kraft« assoziieren sie stets mit bewegter Luft (Sturm, Orkan usw.). Eine typische Antwort in diesem Zusammenhang lautet: »Wenn man das Gefäß mit der Luft verschließt, dann kann sie sich nicht frei bewegen, weil sie wie ein Gefangener eingesperrt ist.«

Dabei geht es auch anders. Im Alltagsgeschehen erleben wir ständig Dinge, die auf leicht nachvollziehbaren Naturgesetzlichkeiten beruhen. Wir sitzen unter einem Baum, und ein Apfel fällt hinunter. Solche Erlebnisse nehmen wir zunächst beiläufig wahr. Und genau hier können wir einsetzen. Indem wir den Kindern diese Phänomene aus ihrem Blickwinkel heraus bewusst machen, können wir Übergänge zwischen »implizitem« und »explizitem« Wissen schaffen und zu wissenschaftlichem Denken führen. Ein Beispiel:

Die Lehrerin möchte mit den Kindern das Thema Heimatvögel bearbeiten. Am Anfang der Schulstunde berichtet sie, wie ein paar Kinder unweit von einer Straße einen Graureiher entdeckten. Er hatte sich hinter einem Busch versteckt. Da es ein Sonntag war und ein Tierarzt nicht leicht erreicht werden konnte, packten die Kinder ihn in ein Tuch und brachten ihn zu dritt zu einem Tierheim. Dort wurde er am nächsten Tag von einem Tierarzt untersucht, der dann feststellte, dass der Vogel sich nicht verletzt hatte und auch nicht krank war.

An dieser Stelle fragt sie ihre Schüler, die der Geschichte aufmerksam gefolgt sind: »Wieso ließ sich der Vogel gefangen nehmen, was war mit ihm denn los, wo er doch nicht verletzt war?«

Die Kinder berichten daraufhin von ähnlichen Erfahrungen mit anderen Vögeln und fragen sich, warum der Graureiher wohl nicht mehr fliegen konnte. Eine Reihe von weiteren Fragen taucht auf: Was macht man mit einem verletzten oder erschöpften Vogel? Wie und wo holt man sich Rat oder Hilfe? Darf man das Tier anfassen? Wenn nein, warum nicht? Darf man dem Tier Futter und Trinkwasser geben? Hatte sich das Tier verlaufen? War das Tier erschöpft, weil es keine Nahrung mehr bekommen hatte?

Die Lehrerin nimmt alle Fragen mit Geduld auf, bündelt und strukturiert sie. Sie prescht also nicht mit ihrem Wissen und ihrer Vorerfahrung vor, z. B. indem sie anhand von Schaubildern die Lebensweise und das Nistverhalten der Tiere erklärt oder die Geschichte auflöst, sondern sie versucht eine Atmosphäre herzustellen, die Kinder ermutigt, eigene Vorstellungen zu artikulieren, Theorien zu bilden und selber nach Erklärungen zu suchen.

Allen Fragestellungen gehen Ereignisse voraus, die uns rätselhaft erscheinen, unsere Neugierde erwecken, uns in Erstaunen versetzen, uns widersprüchlich erscheinen, in uns das Bedürfnis erwecken, uns mit einer Sache genauer zu befassen. Meist sind es alltägliche Ereignisse, Bilder und Phänomene, die wir gewöhnlich nebenbei in uns aufnehmen, die jedoch auf einmal als Frage ins Bewusstsein rücken. So führte auch ein fallender Apfel zur Entdeckung der Gravitationskräfte.

Ein zentrales Anliegen meiner Arbeit mit Kindern besteht deshalb darin, ihnen zu ermöglichen, unterschiedliche Aspekte der Wirklichkeit durch selbständiges und unbefangenes Handeln zu erfahren und diese mit Hilfe von individuellen Theorien bzw. Hypothesen zu interpretieren. Von Bedeutung dabei ist nicht, was ein Kind in einem bestimmten Alter lernen kann oder nicht lernen kann, sondern vielmehr, welche vorhandenen Fähigkeiten der Kinder wie am besten zur Geltung kommen und entfaltet werden können.

Dabei steht bei der Untersuchung eines naturwissenschaftlichen Phänomens nicht das Experiment im Mittelpunkt, sondern das persönliche Gespräch, bei dem alle Beteiligten neugierig darauf sind zu erfahren, wie die anderen denken und was sie bereits wissen. Kinder werden somit als Wissende wahrgenommen, die über wertvolle Kenntnisse verfügen. Diese kann ich mir aneignen, um ein Vorhaben gemeinsam mit ihnen weiterzuentwickeln. Dabei kann die Idee entstehen, einen Aspekt der Fragestellung durch ein Experiment zu überprüfen.

Ganz wichtig zu beachten ist hierbei, dass Kinderfragen oft durch Akklamationen, Feststellungen und Bemerkungen ausgedrückt werden. Sie beginnen häufig nicht mit einem »Wie« oder mit einem »Warum«, sondern sind in einem Satz wie diesem verpackt: »Die Holzkugel ist weggerollt, der Legostein nicht!«

Das Kind stellt scheinbar einen Sachverhalt fest. Impliziert darin ist allerdings auch die Verwunderung darüber, dass die Kugel rollen kann, der Klotz jedoch nicht.

Das ist ein perfekter Ausgangspunkt, um gemeinsam mit dem Kind herauszubekommen, welche Formen besser rollen können als andere. Aus unterschiedlichen Materialien wie zum Beispiel Knete und Papier können verschiedene Formen hergestellt werden. Dann kann man untersuchen, welche Objekte besser rollen, oder man redet allgemein darüber, welche runden Objekte die Kinder überhaupt kennen und wozu diese gut sind. Ebenso kann man sich überlegen, warum man manchmal selber das Bedürfnis verspürt, sich rund zu machen oder warum Tiere sich einrollen, z.B. wenn sie frieren, Gefahr wittern oder wenn sie Winterschlaf halten. Welche Form würde der eigene Körper einnehmen, wenn man sich in einem kleinen Iglu aufhalten müsste? Und so weiter.

In meiner langjährigen Arbeit hat übrigens noch nie ein Kind gefragt: »Warum ist der Himmel blau?« oder »Können Seifenblasen auch sternförmig sein?« Solche Fragen werden aber gerne in Zusammenhang mit kindlicher Frühförderung angeführt. Abgesehen davon, dass selbst Doktoranden naturwissenschaftlicher Studiengänge diese nicht aus dem Stegreif beantworten könnten, fragt man sich: Was sollen Kinder mit diesem Wissen anfangen? Wie könnte ihnen die Erkenntnis, dass Seifenblasen auch sternförmig sein könnten, in ihrer Entwicklung weiterhelfen?

Während Eltern noch sehr individuell auf ihre Kinder eingehen können, ist diese Möglichkeit in der traditionellen Unterrichtsform, wie sie in vielen Kindertagesstätten und Schulen vorherrscht, nicht gegeben. Dort werden vornehmlich Lernsituationen bevorzugt, die so strukturiert sind, dass die Lehrenden gewissermaßen als »Vorausdenker« fungieren. Hierdurch kommen in der Regel die individuellen Fähigkeiten, Denkstrukturen, Erfahrungen, Vorstellungen und Hypothesen der Kinder nicht zur Geltung, weil die Lernenden gehalten sind, die Gedankengänge der Lehrenden nachzuvollziehen und sich den vorgegebenen Mustern anzupassen. In einer solchen Lernatmosphäre werden Kinder, die sich nicht anpassen können, entweder übersehen oder falsch beurteilt, weil sie Antworten auf Fragen bekommen, die sie selber nicht gestellt haben.

Es ist aber wichtig, dass Kinder komplexere Zusammenhänge mit Hilfe von vertrauten Bildern und Phänomenen verstehen lernen und dabei ihre Fähigkeit, Verknüpfungen herzustellen, entfalten können. Mit »Verknüpfung« ist die Fähigkeit der Vernetzung von Wissen gemeint, um neue Erkenntnisse zu gewinnen. Diese archaische Fähigkeit des Menschen, Verknüpfungen zwischen erlebten Ereignissen herzustellen, ist ein Ergebnis von Erfahrung und Lernen. Denn das menschliche Denken selbst ist ein Ergebnis des Lernprozesses solcher Verknüpfungen, deren Aussagen von Generation zu Generation weitergegeben und weiterentwickelt werden und zu verschiedenen Begriffen geführt haben. Die Begriffe gewinnen nur dann eine Bedeutung, wenn wir die Möglichkeit erhalten, die Wege kennenzulernen, die zu ihrer Bildung geführt haben.

»Vincent sagt, er kann im Dunkeln sehen. Das kann er doch gar nicht«, meint Till. Er weiß zwar, dass man ohne Licht nicht sehen kann, lässt sich aber dennoch durch seinen Freund verunsichern. Hier könnte man erst einmal versuchen herauszufinden, welche Vorstellungen Kinder überhaupt darüber haben, wie das menschliche Auge Objekte wahrnimmt und welche Rolle das Licht dabei spielt; ob allein die Augen für das Sehen ausreichen, oder ob das Sehen nur dann funktioniert, wenn Objekte geradlinig das Licht in das Auge zurückwerfen.

Ausgangspunkt hierzu könnte die Frage sein, warum man

nicht um die Ecke sehen kann, warum wir ein Objekt hinter einem Hindernis nicht erkennen können. Oder wie es dazu kommt, dass wir einen Gegenstand erst dann sehen, wenn Licht auf ihn fällt.

Weitere Fragestellungen könnten sein: Wie entstehen Schatten? Wie kann man selber Schatten erzeugen? Wie könnte man sehen, was hinter einem vor sich geht?

Welche Vorstellungen die Kinder also darüber haben, wie das Licht sehend macht, was man unter Reflexion zu verstehen hat, würde hier den Gang des Dialogs bestimmen. Dabei lernen und arbeiten die Kinder am besten in kleinen Gruppen an solchen Fragestellungen. Das dialogische und kooperative Lernen bedingt eine Lernatmosphäre, in der Kinder durch Interaktionen miteinander und voneinander lernen. Diese kooperativ lernenden Gruppen bestehen aus Kindern von unterschiedlichem Alter, Geschlecht, unterschiedlicher Begabung und sozialer Herkunft. Einen einheitlichen Weg, der zu einem festgelegten Lernziel führen soll, gibt es nicht mehr. Die Rolle der Erzieher bzw. der Lehrenden besteht darin, die Planung von vielfältigen Lernsituationen zu initiieren, die den individuellen Lernmöglichkeiten aller Schüler entsprechen. Kooperatives Lernen begünstigt das Nachdenken und Erkennen von Zusammenhängen durch den Austausch von Ideen, Beobachtungen, Meinungen und Schlussfolgerungen.

Für die frühe Bildung von Kindern brauchen wir ein Lernkonzept, das ausgehend von vertrauten Bildern die Kinder mit Forschungsaufgaben beschäftigt, die geeignet sind, ihnen Raum zu geben, über ihr bereits vorhandenes Wissen zu berichten, und sie dabei mit Fragestellungen konfrontiert, die sie dann auch selbständig lösen wollen. Grundsätzlich wird es immer darum gehen, Kindern dabei zu helfen, ihre Welt besser zu verstehen, zu be»greifen«.

Die Themen sollten naturgemäß so ausgewählt werden, dass sie unterschiedliche Lernformen mit folgenden Aspekten beinhalten:

beobachten
prüfen
schätzen
messen
vergleichen
klassifizieren
Vermutungen aufstellen
Voraussagen machen
Hypothesen aufstellen
Theorien formulieren
schlussfolgern
nachahmen
neue Ideen entwickeln
kommunizieren
berichten
Fehler machen dürfen
neue Ideen entwickeln
neues Verständnis vertrauter Erscheinungen erlangen
als bildender Künstler usw. agieren
musizieren und schauspielern

Hierdurch wird den Kindern die Möglichkeit angeboten, sich je nach Neigung und Individualität zu profilieren zum Beispiel als:

Theoretiker
Praktiker
Erforscher
Erfinder
Entdecker usw.

Was Kinder beim Lernen unbedingt seitens der Erwachsenen brauchen, lässt sich in wenigen Kategorien zusammenfassen:

- Unterstützung von gemeinsamen Entdeckungsmöglichkeiten, die alle Sinne fordern
- Risikobereitschaft
- klare und verbindliche Regeln, die Kindern helfen, kooperativ, gerecht und verantwortlich zu handeln
- Regeln, die Kinder erkennen lassen, was im kulturellen und sozialen Kontext akzeptabel ist und was nicht
- Formen des Umgangs, die den Kindern ein Gefühl von Sicherheit und Selbstvertrauen geben
- Lob und Ermutigung
- Ermutigung zum Üben bzw. Wiederholen von Bemühungen beim Erwerb von neuen Erkenntnissen und Kompetenzen
- Freude über die Fortschritte
- Kommunikation, die reich an differenzierter Sprache und Gesten ist
- Geborgenheit.

Erwachsene sollten bei allen Lernprozessen die Kinder als Mentoren in ihrem Tun unterstützen und nicht belehren.

Zweites Kapitel

Verhinderung und Unterstützung von Erfahrungsmöglichkeiten

Einem Kind fällt in der Stadt eine Baustelle auf. Es rennt dorthin, bleibt vor der Absperrung stehen und schaut in den Abgrund, der entstanden ist. Die Mutter beobachtet das Kind. Dann fragt sie, ob es etwas sehen könne. Doch bevor das Kind antworten kann, sagt die Mutter: »Da ist ein Loch, nicht wahr?« Das Kind antwortet nicht.

Die Prozesse des Lernens wurden und werden immer noch als Reproduktion von Wissen erachtet, die dem Erhalt eines sozialen und kulturellen Systems dienlich sind. Die rapiden sozialen und kulturellen gesellschaftlichen Umwälzungen haben jedoch inzwischen eine solche Dynamik erreicht, dass es nicht mehr ausreicht, lediglich nur das Erworbene bzw. Ererbte zu erhalten. Vielmehr gilt es, Menschen auszubilden, die in der Lage sind, sich schnell auf die Veränderungen einzustellen und somit zur Gestaltung der Zukunft befähigt sind, statt von der Dynamik der Veränderungen überwältigt zu werden.

In der deutschen Sprache unterscheidet man zwischen Realität und Wirklichkeit. Jede obwaltende Wirklichkeit trägt den Keim der Veränderung in sich. Jede Wirklichkeit ist somit eine von vielen vorstellbaren Möglichkeiten, die Welt zu erfinden und zu gestalten. Kinder können sich unendlich viele Wirklichkeiten vorstellen. Ihre Entwicklung ist gekennzeichnet von einem ständigen Wechsel der Perspektive. Auch die Natur ist einer fortwährenden evolutionären Veränderung unterworfen. Doch im Gegensatz zur Natur sind Kinder auf die Hilfe und Anregung der Erwachsenen angewiesen, um sich ihren Anlagen entsprechend entwickeln zu können. Und Entwicklung bedeutet Veränderung. In keinem Alter ist die Bereitschaft, Neues anzunehmen, sich anzupassen so ausgeprägt wie in der Kindheit. Die kognitiven Wissenschaften und die Hirnforschung belegen eindrucksvoll, dass das kindliche Gehirn enorm flexibel und formbar ist. Diese Flexibilität offenbart sich in der ausgeprägten Fähigkeit der Kinder, schnell zu lernen, unbefangen zu handeln und somit ein vielfältiges Vorstellungsvermögen zu entfalten. Die Besonderheit der Kindheit besteht darin, dass sich das Vorstellungs- und Phantasievermögen – und damit einhergehend das Lernen – nur in dieser Lebensphase ungehemmt fortentwickeln kann. Ausschlaggebend dafür ist jedoch, welche alltäglichen Lernumgebungen und Welterfahrungen ihnen zugänglich sind, und welches Maß an Zuwendung und Hingabe der Erwachsenen den Kindern dabei zuteil wird.

Es ist nicht selbstverständlich, dass alle Eltern sich in diesem Sinne verhalten. In Deutschland wachsen viele Kinder ohne Geschwister auf, vielfach auch nur mit einem Elternteil. Das Verschwinden von Großfamilien hat unter anderem zur Folge, dass Kinder permanent im Fokus der Eltern stehen.

Dabei ist es von Bedeutung, ob ihre Einstellung von Zuversicht und dem Vertrauen darin bestimmt ist, dass Kinder ein Recht darauf haben, ihren Bedürfnissen entsprechend zu handeln. Oder ob sie aus Angst und Ungeduld verhindern, dass ihr Kind Selbständigkeit und damit das Selbstvertrauen darin gewinnt, dass es ihm gelingen wird, den Herausforderungen des Alltags gerecht zu werden.

Kinder können ihr Recht auf unversehrte körperliche und geistige Entwicklung nicht selber einklagen. Sie können auch nicht auswählen, welche Lernarten und Erfahrungsmöglichkeiten ihnen am ehesten dabei helfen, sich wertvolle Kompetenzen anzueignen. Ihre Entwicklung ist ohnehin von den Einstellungen, Überzeugungen, Entscheidungen der Eltern und anderer Personen bzw. gesellschaftlicher Institutionen abhängig, die für Kinder und Jugendliche unmittelbar verantwortlich sind.

Die Möglichkeiten für Kinder, eigene Erfahrungen zu machen, werden immer weiter eingeschränkt. Wo gibt es noch unverbautes Gelände oder freie Spielplätze, die Kinder einladen, diese selber zu gestalten. Wo können sie unbeobachtet ihre Welten erfinden und sich ausprobieren? Auf der anderen Seite wächst der Druck auf sie, Kompetenzen zu erwerben, die aus entwicklungspsychologischer Sicht nicht altersgemäß sind.

Kinder sind heute zu Außenseitern der Gesellschaft geworden. Das »Recht des Kindes« steht weitgehend nur noch auf dem Papier. Hinzu kommt, dass die diversen medialen Angebote den Blick der Kinder verdunkeln und sie dazu einladen, in Welten zu flüchten, wo primäre sinnliche Erfahrungen nicht gemacht werden können. Denn virtuelle Erfahrungen schalten wirklichkeitsbezogene, gemeinschaftliche und dialogische Lernprozesse aus. Wenn Kinder nicht mehr deutlich zwischen Wirklichkeit und virtuellen Bildern unterscheiden können, werden sie ihrer Fähigkeit beraubt, neue Ideen zu entwickeln, Kreativität zu entfalten und vielfältige Wirklichkeiten in den unbegrenzten Räumen der Phantasie entstehen zu lassen.

In diesem Zusammenhang ist es aufschlussreich, sich die UN-Kinderrechtskonvention, Artikel 29 zu vergegenwärtigen, worin unter anderem folgende Übereinkunft festgeschrieben ist:

Die Vertragsstaaten stimmen darin überein, dass die Bildung des Kindes darauf gerichtet sein muss,

a) die Persönlichkeit, die Begabung und die geistigen und körperlichen Fähigkeiten des Kindes voll zur Entfaltung zu bringen;

b) dem Kind Achtung vor den Menschenrechten und Grundfreiheiten und den in der Charta der Vereinten Nationen verankerten Grundsätzen zu vermitteln;

c) dem Kind Achtung vor seinen Eltern, seiner kulturellen Identität, seiner Sprache und seinen kulturellen Werten, den nationalen Werten des Landes, in dem es lebt, und gegebenenfalls des Landes, aus dem es stammt, sowie vor anderen Kulturen als der eigenen zu vermitteln;

d) das Kind auf ein verantwortungsbewusstes Leben in einer freien Gesellschaft im Geist der Verständigung, des Friedens, der Toleranz, der Gleichberechtigung der Geschlechter und der Freundschaft zwischen allen Völkern und ethnischen, nationalen und religiösen Gruppen sowie zu Ureinwohnern vorzubereiten;

e) dem Kind Achtung vor der natürlichen Umwelt zu vermitteln.

Während meiner Zusammenarbeit mit Kindern in Kitas beobachte ich fast täglich, dass sehr vielen Eltern, unabhängig von ihrer kulturellen Zugehörigkeit, die verbürgten Rechte des Kindes nicht bewusst sind. Nicht wenige Eltern sind davon überzeugt, dass alleine sie darüber verfügen dürfen, was das Kind tun und was es lassen sollte. Hierzu einige Beispiele aus dem Kita-Alltag:

Vor jedem Kind stehen drei kleine Töpfe mit den drei Grundfarben, leicht mit Wasser verdünnt. Ein Gefäß mit vielen Pinseln befindet sich in der Mitte des großen Tisches. Ausgehend von drei Farben sollen die Kinder vier, fünf oder mehrere Farben erzeugen. Dazu haben die Kinder weiße Pappteller erhalten, auf denen sie die Farben mischen können. Die Kinder dürfen mit den Fingern malen. Martin, Larissa, Mahmud und Ayub wollen auf keinen Fall ihre Finger »schmutzig« machen und entscheiden sich für die Pinsel. Martin geht sehr langsam vor. Als auf einmal die Farbe Lila auf seinem Teller entsteht, muss er dies sofort den Erzieherinnen zeigen. Er ist freudig erregt und malt mit größter Konzentration weiter. Als er wieder einmal den Pinsel in einen der drei Farbtöpfe eintauchen will, passiert das Malheur: Ein kleiner Farbklecks tropft auf seine Hose. Sofort rollen große Tränen. Martin ist untröstlich. Seine Mama wird mit ihm schimpfen, jammert er. Nein, sagen die Erzieherinnen, sie wird nicht schimpfen. Martin beruhigt sich und malt weiter. Nach einer Weile legt er die Pinsel beiseite und taucht seine Finger in die Farben. Von nun an trägt er immer mehr Farbe auf den Teller auf, bald entsteht eine dickflüssige, breiartige braune Masse und Martin kann nicht aufhören, genüsslich darin zu manschen.

Es hatte tagelang geregnet. Endlich ist die Sonne wieder herausgekommen. Der Sand im Sandkasten ist nass und die Erde auf dem Spielplatz matschig. Fatima und Sven haben beim Spielen Angst, ihre Kleidung schmutzig zu machen. Gerne würden sie draußen in der nassen Erde und im Sand buddeln, doch sie haben keine Wechsel-Kleider für das Spielen im Freien dabei. Deshalb wollen sie lieber drinnen bleiben und bekommen nicht mit, dass einige Kinder im Gelände Feuerkäfer entdeckt haben.

Draußen herrscht große Aufregung. Ein Kind entdeckt auch einen Marienkäfer. Ich frage, ob der Feuerkäfer seinen Namen deshalb bekommen hat, weil er feurig rot aussieht. Und der Marienkäfer? Warum dieser Name? Einige Kinder meinen, weil der Marienkäfer Punkte hat. Ich sage, auch ich habe Punkte in meinem Rücken und der Feuerkäfer ebenfalls, doch wir beide heißen dennoch nicht Marienkäfer. Diese Bemerkung amüsiert die Kinder. Wir versuchen nun herauszufinden, ob der Marienkäfer und der Feuerkäfer gleich viele Punkte haben und welche Unterschiede und Ähnlichkeiten die beiden Käferarten aufweisen. Gemeinsam können wir mehrere Unterschiede feststellen. Ich verspreche, dass ich mich erkundigen werde, weshalb der Marienkäfer seinen Namen bekommen hat. Fatima und Sven bekommen all dies nicht mit.

Die S-Bahn hält an, die Türen springen auf, und ein kleines Kind will ohne Hilfe aussteigen. Sofort wird es von der Mutter angeschrien und gepackt, so dass es strauchelt und fast auf den Bahnsteig stürzt. Das Kind schreit, als wäre es alleine auf dieser Welt. Sein Antrieb nach Kompetenzerwerb wurde massiv verhindert, sein Bedürfnis nach »Selber machen« gewaltsam unterbunden.

Diese Beispiele zeigen, wie Erwachsene das Selbstbestimmungsrecht ihres Kindes übergehen und es daran hindern, selbständig eigene Erfahrungen zu machen und daraus zu lernen. Oft ist ein übersteigertes Sicherheitsbedürfnis der Eltern Grund für ein solches Verhalten. Aber: Erziehung braucht die Bereitschaft zum Risiko. Die Mutter in der S-Bahn hatte in ihrer Angst die Gefahr überbewertet, denn Kinder sind sehr wohl in der Lage einzuschätzen, was sie wagen können und was für sie noch unerreichbar ist. Indem Eltern ihr Kind besser beobachten, lernen sie die Lage einzuschätzen und zu beurteilen, was ihr Kind schon selbständig bewältigen kann und wo sie es noch unterstützen müssen. Wenn die Sorge um die körperliche Unversehrtheit ein Kind immer wieder daran hindert, etwas zu wagen, erhält es immer weniger die Chance zur Selbständigkeit und Selbstbewusstsein.

Schon um die Mitte des vergangenen Jahrhunderts schrieb der Psychoanalytiker Alexander Mitscherlich in seinem Buch »Die Unwirtlichkeit unserer Städte« über die Zunahme der Asphaltierung und Betonisierung von natürlichem Spielraum zum Buddeln und Manschen, über die zunehmende Einschränkung des Bewegungsdrangs von Erwachsenen und Kindern. Wo man einstmals noch auf der Straße toben, Verstecken spielen und Rollschuh laufen konnte, braust zunehmend starker Verkehr, oft mit überhöhter Geschwindigkeit und die Sinne verwirrendem Lärm. So ist es wahrhaftig kein Wunder, dass Eltern zunehmend verunsichert und ängstlich werden. Doch sollten sie nicht panisch reagieren und ihre Ängste auf ihre Kinder übertragen, sondern nur eingreifen, wenn es sich um echte Gefahren handelt. Kein Kind könnte laufen lernen, wenn die Eltern nicht in Kauf nähmen, dass es bei dem Lernprozess fallen und sich weh tun könnte. Wie der Hirnforscher Manfred Spitzer so schön sagt: »Ein Baby lernt also das Laufen nicht durch Instruktion, sondern *von Fall zu Fall.*«

Die Vorgaben, wie Kinder erzogen werden sollten, ändern sich – abhängig vom Zeitgeist, von der Tradition, von der Umwelt (städtisch oder dörflich; vorindustriell bis hinein in unser heutiges hoch technisiertes Zeitalter) und von der jeweiligen Kultur – ständig. Um dies nachvollziehen zu können, muss man sich nur mal die Ratgeber der letzten Jahrzehnte ansehen.

Besonders bereichernd ist es, auch einmal einen Blick auf

andere Kulturen und deren Art, mit Kindern umzugehen, zu werfen.

Der Kinderpsychologe Bruno Bettelheim, der für einige Zeit in Japan lebte, berichtet in seinem Buch »Ein Leben für Kinder« (aussagekräftigerer ist der englische Titel »A Good Enough Parent«) Folgendes:

»Es ist lehrreich, einmal die unterschiedliche Art, wie Japaner und westliche Eltern ihre Kinder erziehen, miteinander zu vergleichen. In unserer Kultur geht es um eine auf elterliche Gebote gegründete Disziplin, in Japan um eine auf eigenen Überlegungen beruhende Selbstbeherrschung.«

Er gibt dafür folgendes Beispiel: »Für die Entwicklung der Selbstbeherrschung – und die Japaner sind ein außerordentlich diszipliniertes Volk – ist es ebenfalls wichtig, dass die Mutter geduldig abwartet, bis ihr Kind sich von selbst zu etwas entschlossen hat. Ihre Geduld ist für das Kind ein wichtiges Vorbild. Sie gibt ihm die Überzeugung, dass es – wenn man ihm nur genügend Zeit lässt – schon ganz von selbst die richtige Entscheidung treffen wird, eine Überzeugung, die seinem Selbstwertgefühl sehr zugute kommt. … Es machte mir großen Eindruck, als ich beobachtete, wie eine Mutter ihrem Kind beibrachte, sich die Schuhe auszuziehen, bevor es ein Zimmer betrat. Ich habe nie gesehen, dass eine Mutter ihrem Kind befahl, das zu tun. Typischerweise sagt sie überhaupt nichts, sondern wartete schweigend und geduldig, bis es von selbst darauf kam.«

Als ich einmal die Gelegenheit hatte, einige Wochen in einem pakistanischen Dorf zu leben, war ich über zwei Aspekte des Zusammenlebens in der dörflichen Gemeinschaft verblüfft. Während die Eltern, meist Bauern, bei der Arbeit waren, durften selbst dreijährige Kinder nicht nur im Dorf frei herumlaufen, sondern auch in den umliegenden Feldern spielen. Offensichtlich hatten die ganz kleinen Kinder von ihren Geschwistern gelernt, sich im dörflichen Verkehr richtig zu verhalten und auf die Gefahren in den Feldern aufzupassen. Ebenso erstaunt war ich über die Tatsache, dass die Kinder von allen Dorfbewohnern gemeinsam erzogen wurden. Vielleicht ist eine Umwelt, die Kindern Risikobereitschaft signalisiert und in der die Erziehungsaufgaben von einer Gemeinschaft, statt von einem Elternpaar, übernommen werden, besonders geeignet, übertriebene Ängste gar nicht erst aufkommen zu lassen.

Wie einschränkend elterliche Ängste sein können, zeigt folgendes Beispiel.

In einer Kita hatte ein Mädchen immer mal wieder das dringende Bedürfnis, auf den Spielplatz zu gehen. Dort angekommen, konnte es lange still die Natur beobachten. Da der Spielplatz abgesichert war, hatte die Leitung der Kita zusammen mit den Erzieherinnen beschlossen, die Bedürfnisse des Kindes zu respektieren. Es durfte draußen bleiben, während die anderen Kinder sich in den Räumen der Kita aufhielten. Dieser Entscheidung ging das Wissen voraus, dass das Kind allein mit seiner Mutter in einer sehr kleinen Stadtwohnung aufwuchs und kaum die Gelegenheit hatte, sich außerhalb der Wohnung im Grünen aufzuhalten. Als eines Tages die Mutter ihr Kind abholen kam und es alleine auf dem Spielplatz entdeckte, geriet sie außer Fassung. Sie beschimpfte die Leiterin und die Erzieherin und blieb bei ihrer Überzeugung, dass das Team der Kita ihr Kind wissentlich großen Gefahren ausgesetzt hätte, weil sie es ohne Aufsicht allein gelassen hatten.

Diese Mutter beharrte auf ihren Angstgefühlen, statt zu versuchen, die Bedürfnisse des Kindes zu verstehen. Wäre sie bereit gewesen, sich in die Gefühlswelt ihres Kindes zu versetzen, hätte sie – wie die Erzieherinnen es getan hatten –

auch ein Gefühl dafür entwickeln können, wie sehr ihr Kind unter dem Eingesperrtsein litt.

Es gibt allerdings auch viele Eltern, die ihre Kinder genauer und mit Neugierde beobachten und intuitiv das Bedürfnis des Kindes nach Kompetenz und Selbstkontrolle erkennen. Auf einem Flug nach Berlin saß neben mir eine Mutter mit einem Kind von vielleicht knapp einem Jahr auf dem Schoß. Der Kleine hatte eine Tasche in der Rückseite des vorderen Sitzes entdeckt, aus dem Zeitschriften herausragten, und war dabei, eine herauszuziehen. Als die Mutter das Heft wieder in die Tasche schob, protestierte das Kind heftig und versuchte, sich aus der Umklammerung der Mutter zu befreien. Schließlich ließ die Mutter das Kind gewähren. Es zog sämtliche Hefte und Faltblätter heraus. Einige fielen dabei zu Boden, die anderen versuchte es, wieder in die Tasche hineinzubekommen. Das Ganze wiederholte sich unzählige Male, bis das Kind die Hefte ohne Mühe herausziehen und wieder in die Tasche zurückstecken konnte und schließlich das Interesse verlor.

Als neulich in Berlin die U-Bahn anhielt, wollte ein Dreijähriger unbedingt den Türknopf zum Öffnen drücken. Er reckte sich immer wieder nach oben, ohne den Knopf erreichen zu können. Daraufhin hob ihn seine Mutter so hoch, dass er den Knopf erfolgreich betätigen konnte. Er war sehr stolz, als sich die Tür daraufhin öffnete, und durfte dann auch alleine aussteigen.

Kinder lernen ständig und in den meisten Fällen geht das einher mit einem starken Drang nach Autonomie. Eltern, Erzieherinnen, Lehrer und andere Bezugspersonen sollten die Kinder darin unterstützen, indem sie sich immer wieder vor folgende Fragen stellen:

- Welche Erfahrungen sollten Kinder machen?
- Wie sollten sie diese Erfahrungen machen?

- Wozu sind diese Erfahrungen gut?
- Gelten meine Ängste dem Wohlbefinden des Kindes oder haben sie mit meiner inneren Befindlichkeit zu tun?
- Was ist für das Kind förderlich: Die Angst, dass ihm bei dem Versuch, eine Sache zu bewältigen, etwas passieren könnte, oder das elterliche Vertrauen darin, dass es sein Vorhaben verwirklichen kann.

Drittes Kapitel

Wie können Kinder zur Kreativität ermuntert werden?

Das Entlang-Gejagtwerden längs den Gleisen des Systems bildet nicht. Wir wollen Gleisleger erwecken, nicht Gleisfahrer machen.
Martin Wagenschein

Beim Betrachten des abgebildeten Tiers in einem Zoo fragt ein Kind, ob dies ein Hund sei. Der Vater antwortet, dass das Tier Hyäne genannt wird. Die Antwort des Vaters ist zwar korrekt, doch er hätte auf die Frage des Kindes auch anders reagieren können. Zum Beispiel so:

»Sehen Hunde wirklich so aus? Lass uns das Tier genau betrachten. Es hat zwar vier Beine, aber vielleicht gibt es doch Unterschiede zum Hund. Was meinst du?«

Wenn Kinder ständig auf ihre Frage fertige Antworten bekommen, hören sie auf zu rätseln und eigenständige Antworten zu finden. Der Antrieb, selber zu spekulieren, erlahmt. Das Kind meint dann, dass die Antwort nicht darin bestehen kann, was es selber denkt, sondern wie die Lehrer bzw. Eltern denken. Der Fokus des Lernens verlagert sich weg von der eigenen Person hin zu den Hinweisen und Erklärungen des Lehrers und anderer Bezugspersonen. Das Kind verlässt sich somit auf die Autorität der Erwachsenen, statt seine angeborenen Fähigkeiten und Informationen durch Vergleichen, Verknüpfungen zwischen vorhandenem und neuem Wissen herzustellen und weiterzuentwickeln. Es hört auf, Erlebtes selbständig verstehen zu wollen. Stattdessen wartet es darauf, dass andere die Erklärungen finden, die das Kind dann übernehmen kann. Nach meinen Beobachtungen zeigen viele drei- und vierjährige Kinder dieses Verhalten. In der Tat habe ich sogar häufig Kinder erlebt, die überhaupt keine Fragen stellen. Wenn man sie etwas fragt, erwarten sie, dass ein anderes Kind oder ein Erwachsener die Antwort gibt.

Der Entwicklungspsychologe Jean Piaget formuliert diesen Zusammenhang wie folgt: »Das Lernen muss zum Ziel haben, kreatives Denken herauszufordern. Ein Denken also, das darauf gerichtet ist, selber Antworten zu finden und kritisch gegenüber Antworten zu sein, die von anderen angeboten werden.«

Bei der Vermittlung von Naturwissenschaften in Kitas versuche ich, Konzepte zu entwickeln, die die Selbständigkeit, das Selbstbewusstsein und das Selbstwertgefühl der Kinder stärken und ihnen helfen, sich Kompetenzen anzueignen, die ihre Kreativität fördern.

Doch was ist mit Kreativität gemeint? Kreativ ist jemand, der in der Lage ist, originelle, eigenständige Ideen zu entwickeln. Die Forschung zeigt, dass man keinen hohen IQ haben muss, um kreativ zu sein. Alle Kinder können auf ihre individuelle Art und Weise, unabhängig von ihrer Herkunft, Muttersprache und ihrer kulturellen Zugehörigkeit, Kreativität entfalten. Allerdings brauchen sie dafür von Anfang an stimulierende Anlässe und Herausforderungen. In psychologischem Kontext betrachtet können Menschen nur dann kreativ handeln, wenn sie sich geborgen und frei fühlen. Eine unabdingbare Voraussetzung dafür ist also, dass Kinder sich vorbehaltlos angenommen fühlen, von Erwachsenen mit Empathie akzeptiert und ernst genommen werden. Ob ein Kind sich in diesem Sinne angenommen fühlt, erkennt man daran, dass es:

- neugierig auf neue Situationen ist
- ohne Aufforderung die Initiative ergreift
- nach eigenen Vorstellungen handelt
- Eigenwilligkeit bewahrt
- risikobereit ist
- sich durch Fehlermachen nicht entmutigen lässt

Solche Qualifikationen werden nicht ererbt, sind also nicht angeboren, sondern müssen erworben werden. Voraussetzung dafür ist, dass Eltern und Erzieherinnen

- Kinder als gleichberechtigt erachten
- Kinder als selbständige Individuen akzeptieren
- genau zuhören können
- versuchen, das Denken der Kinder zu verstehen
- sich in kindliche Kategorien hineindenken lernen
- Entscheidungen der Kinder akzeptieren

- dem Interesse des Kindes folgen
- Hilfsbereitschaft zeigen
- gemeinsam mit den Kindern neue Zusammenhänge entdecken wollen
- Zeit geben können
- die Kinder ermutigen, mehr zu sprechen und sich trotz Sprachdefiziten zu artikulieren

Der kreative Prozess

Die kognitiven Wissenschaftler haben einige Merkmale identifiziert, die den Erwerb von Kreativität begleiten. Hier einige der wichtigsten:
- Stimulus
- Entdeckung
- Planung
- Aktivität
- Überprüfung

Das Denken braucht einen Anstoß, etwas Stimulierendes, einen Stimulus, der den Prozess des Denkens in Gang setzt. Das kann eine Begegnung mit etwas Unbekanntem oder eine Fragestellung sein. Kinder sind besonders neugierig darauf zu erfahren, wie andere Kinder denken. Allein das reicht oft aus, um ihr Interesse zu wecken und sich ihres eigenen Denkens bewusst zu werden. Dies ist allerdings nur möglich, wenn die Bezugspersonen dem Dialog im Alltag eine übergeordnete Rolle einräumen.

In den darauffolgenden Schritten soll den Kindern bewusst gemacht werden, was sie erforschen wollen. Es werden Vermutungen und Hypothesen formuliert und gemeinsam über eine mögliche Vorgehensweise und *Planung* nachgedacht. Danach mündet das Vorhaben in eine *Aktivität*, um Ergebnisse zu erzielen. Die Ergebnisse werden einer *Überprüfung* unterzogen und analysiert. Im Prozess der Analyse können die Kinder neue Erkenntnisse gewinnen.

Die Natur des Problems muss so sein, dass das Kind es mit seinem vorhandenen Wissen auch lösen kann.

Hier zwei Beispiele, wie ein solcher kreativer Prozess gestaltet werden kann.

1. Beispiel: Messen und Vergleichen

Der Einstieg könnte mit der Überprüfung folgender Frage beginnen:

»Sind alle fünfjährigen Kinder gleich groß?« Zur Überprüfung dieser Fragestellung sollen sich alle fünfjährigen Kinder einer Kita-Gruppe der Größe nach im Hof aufstellen. Nach einigem Hin und Her haben sie eine Reihe gebildet.

Aufreihung nach Körpergröße

Ist die Aufstellung richtig?

Gemeinsam mit den Kindern überprüfe ich die Aufstellung. Zwei Mädchen werden daraufhin nochmals umgestellt.

Folgende weiterführende Aufgaben werden von den Kindern erforscht, und die ganze Kita wird in die Suche nach den Antworten mit eingebunden.

- Gibt es vierjährige Kinder, die größer als ein fünfjähriges Kind sind?
- Sind Mädchen größer als Jungen?
- Wie sieht die Größenverteilung in anderen Gruppen aus?

Um das Denken der Kinder weiter anzustoßen, formuliere ich folgende Frage:

Stimulus: Kann das Kind mit der größten Schuhgröße auch am weitesten springen?

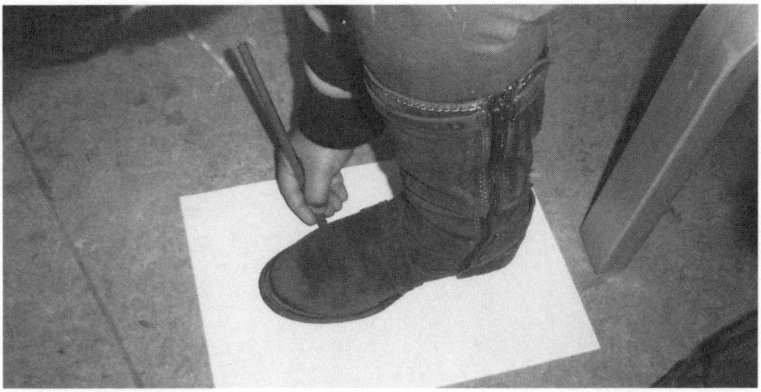

Ermittlung der Schuhgröße

Um die Schuhgröße der einzelnen Kinder festzustellen, zeichnet jedes Kind den Umriss seines Schuhs auf ein Blatt Papier nach. Später werden die einzelnen Abbildungen der Größe nach geordnet und ausgewertet.

Der Größe nach ordnen

Die nächste Aufgabe lautet:

Kann das größte Kind am weitesten springen?

Dazu gehen wir wieder auf den Hof und jedes Kind darf zweimal springen.

Mit Kreide wird die Weite dokumentiert.

Erkenntnisse:

- Nicht alle können gleich weit springen.
- Das kleinste Kind ist am weitesten gesprungen!

Aus den gefundenen Erkenntnissen ergibt sich die Frage: Springt das kleinste Kind immer am weitesten? Daraufhin wird der Versuch zum Vergleich mit anderen Gruppen durchgeführt. Die Ergebnisse:

- In zwei Gruppen springt das größte Kind am weitesten.
- In weiteren drei Gruppen war es unterschiedlich.

Auf der Suche nach Erklärungen für diesen Befund kommen die Kinder zu weiteren Fragen:

- Ist der gute Springer leicht oder schwer?
- Ist der gute Springer groß oder klein?
- Sind Kinder aus Asien immer kleiner und springen am weitesten?

Aus dem Vergleich der Weitspringer aus fünf verschiedenen Gruppen ergeben sich folgende Überlegungen:

- Was haben alle fünf Kinder gemeinsam?
- Was ist unterschiedlich?
- Wer von den Fünfen springt am weitesten?
- Ist das Kind größer als die anderen?
- Ist es leichter als die anderen?
- Wie kann man das feststellen?

Inzwischen wissen alle Kinder, mit welchen Strategien man die obigen Aufgaben sinnvoll bewältigen kann.

Um das Thema Messen und Vergleichen zu vertiefen, stelle ich den Kindern die Frage: Wie misst man seine Kopfgröße?

Weil die Kinder den Begriff »Umfang« nicht kennen, haben sie am Anfang Schwierigkeiten, die Kopfgröße zu ermitteln. Doch Lisa hat die Idee, mittels eines dicken Wollfadens die Kopfgröße zu ermitteln und sie dann auf ein Blatt zu übertragen. Die Idee wird von anderen Kindern sofort als praktikabel verstanden und übernommen.

Mit einem dicken Wollfaden ermitteln die Kinder ihren Kopfumfang.

Im Rahmen dieses Projektes könnten Kinder neue Messmethoden kennenlernen und erkennen, dass man durch das Messen und Vergleichen Zusammenhänge erfahren kann, die zu weitergehenden Fragen führen und neue Erkenntnisse liefern.

2. Beispiel: Licht und Sehen

»Muss das Licht ins Auge fallen, damit wir sehen können?«, frage ich in die Runde und bitte die Kinder, ihre Hände vor die Augen zu nehmen. Durch Bewegen der Finger können sie einen kleinen Spalt bzw. Schlitz bilden. Sobald Licht durch den Schlitz in die Augen fällt, können sie sehen.

Die Kinder halten die Hände vor die Augen.
Je mehr Licht sie durchlassen, desto mehr können sie sehen.

Als Nächstes betrachten die Kinder ihre Augen im Spiegel und entdecken bewusst die Farbe der Iris. Sie lernen die anderen Bestandteile des Auges benennen (Pupille, Augenlid, Wimpern, Augenbrauen) und stellen fest, dass die Pupille stets schwarz ist.

Die Beobachtungen im Spiegel werden zu Papier gebracht.

Um einen weiteren Anstoß zum Thema Sehen zu geben, konfrontiere ich die Kinder mit folgendem Problem: »Wie kann ich sehen, wer hinter mir steht, ohne mich umzudrehen?« Schnell wird mit dem Handspiegel eine Lösung gefunden.

Im Spiegel kann ich sehen, wer hinter mir steht.

Nachdem die Kinder sich mit dem Phänomen »Sehen« vertraut gemacht haben, reden wir über den Regenbogen. Wir prüfen die Gegenstände im Raum daraufhin, ob sie auch die Farben des Regenbogens haben. Wir sprechen über die unterschiedlichen Hautfarben, über die Kleiderfarben der Kinder und wer welche Farbe am liebsten hat. Anschließend betrachten die Kinder ein Bild von Monet.

Die Kinder betrachten das Bild von Monet.

Nun bekommen die Kinder die drei Grundfarben und mehrere Pappteller, deren Oberfläche überzogen ist. Hierzu wurde ein Puderzucker-Wasser-Gemisch am Tag zuvor auf die Teller verteilt. Dies dient zur besseren Verteilung und Aufnahme von Farben.

Die Kinder bekommen die Aufgabe, mit den vorhandenen Grundfarben möglichst alle Farben, die sie im Bild von Monet entdeckt haben, mit der Hilfe von Grundfarben zu erzeugen.

Die Kinder malen auf zuvor präparierten Papptellern.

Zum Schluss kehren wir zur Ausgangsfrage »Muss das Licht ins Auge fallen, damit wir sehen können?« zurück. Die Kinder bedecken ihren Kopf und ihre bemalten Teller mit einem Tuch und erkennen, dass sie ihre Kunstwerke nur dann sehen können, wenn sie das Tuch so weit öffnen, dass Licht hineinkommt.

Erst bei Licht kann ich das Kunstwerk sehen.

Der kreative Prozess kann von Eltern und Erzieherinnen mit Fragen und diversen Aktivitäten vorangetrieben werden. Besonders anregend sind Fragen, die spontan das Nachdenken bei Kindern in Gang setzen oder zum Widerspruch provozieren. Hierzu einige Beispiele:

- Heute bewegen sich die Baumblätter so heftig. Ist das nicht sonderbar?
- Die Bienen können summen. Wie machen sie das bloß? Können Schmetterlinge auch summen?
- Schau, ich habe meinen rechten Fuß auf den Roller gestellt, doch der bewegt sich gar nicht. Was muss ich machen?
- Max sagt, er kann auch im Dunkeln sehen!
- Kann man auch eine Ente als Haustier halten?
- Bleibt das warme Wasser immer warm?
- Haben alle Schnecken Häuser?
- Können wir auch so nass werden wie unsere Kleider?

Das sinnvollste Forschungsfeld sind der Alltag der Kinder und die Bewusstwerdung der Außenwelt. Alles kann dabei aufregend sein und eignet sich hervorragend, um ein Naturverständnis zu schärfen. Zum Beispiel:

- Warum haben wir im Winter und Sommer nicht die gleichen Kleider an? (Thema: Warm und kalt; die Jahreszeiten)
- Wächst der Löwenzahn auch im Winter im Wald? (Wachstumsbedingungen der Pflanzen)
- Wer kann zwei ganz gleiche (identische) Baumblätter finden? (Vergleichen, Evaluieren)
- Könnten Eskimos auch in Afrika leben? (Klimazonen, fremde Völker)
- Haben Tiere auch Milchzähne? (Eigener Körper, Unterschiede zwischen Mensch und Tier)
- Sind Iris und Pupille bei allen Menschen gleich groß und haben die gleiche Farbe? (siehe oben)

- Wie kann man mit geschlossenen Augen zwischen einer Orange und einem Apfel unterscheiden? (Die Sinne)
- Wie sieht ein Rotkehlchennest, wie ein Storchennest aus? Wir basteln ein Vogelnest. Was braucht man dafür? (Vergleichen, Messen, Basteln, Materialeigenschaften untersuchen)
- Wir bilden mit unseren Körpern einen Kreis, ein Viereck und ein Dreieck. Brauchen wir immer gleich viele Kinder dazu? (Geometrische Formen, Mengen schätzen)
- Wer schafft es, aus drei Farben fünf verschiedene Farben zu machen? (Malen, Grundfarben)
- Kann man Wasser, Brot, Luft, Sand, Steine hören, fühlen, riechen, schneiden, gießen, umfüllen, verpacken, schütteln? (Untersuchen, Ähnlichkeiten und Unterschiede kennenlernen)
- Wie macht man aus Getreide Brot, aus Milch Butter und Eiscreme? (Backen und Kochen; Stoffveränderungen beobachten)

Die skizzierten Fragen können den Eltern und Erzieherinnen helfen, kreative Lösungen für folgende Aufgabenstellungen zu finden:

- Wie kann ich Kinderfragen aufspüren?
- Wie kann ich die Aufmerksamkeit der Kinder auf einen Sachverhalt, ein Ereignis lenken, um ein Forschungsvorhaben zu initiieren?
- Welche Art von Fragen stimulieren die Kinder, selbst Fragen zu stellen?
- Wie soll ich mich verhalten, wenn ich eine Kinderfrage nicht beantworten kann?
- Wie kann ich mich zugunsten eines Dialogs mit den Kindern zurücknehmen?
- Wie kann ich Kindern helfen, gezielt zu beobachten?
- Wie kann ich die Sachkompetenz der Kinder fördern?

- Wie erkenne ich den Unterschied zwischen dem, was ein Kind zu einer Sache oder einem Bild sagt und dem, was es damit tatsächlich meint?

Die Vorgehensweisen der Wissenschaften lassen sich in wenigen Kategorien zusammenfassen: Messen, Vergleichen, Sortieren, Klassifizieren, Gemeinsamkeiten und Unterschiede feststellen. Sich darüber wundern, warum etwas so oder so ist. Wie dies auf den Alltag von Kindern übertragen werden kann, haben die vorangestellten Beispiele gezeigt, weitere Beispiele sind in den folgenden Kapiteln enthalten.

Lernen ist ein fortlaufender Prozess. Er wird in Gang gesetzt, indem er von einer Problemstellung ausgeht, die für Kinder und für Erwachsene gleichermaßen von Bedeutung ist. Kinder an Erkenntnisprozessen beteiligen, bedeutet: Zurückgreifen auf die ursprünglichen Formen der Erkenntnisgewinnung. Kinder haben wie die frühen Naturforscher die Gabe der reinen Anschauung. Sie sind unbefangen und frei von irgendwelchen Theorien oder wissenschaftlichen Begriffen.

Erwachsene und Kinder handeln dann kreativ, wenn sie sich mit einem Problem befassen, das für sie neu ist und dessen Ausgang nicht bekannt ist. Nur so können wir zusammen mit den Kindern neue Zusammenhänge entdecken.

Auch in Fragen der Frühbildung gibt es keine allgemein gültigen Rezepte. Von grundlegender Bedeutung ist jedoch, dass wir jedem Kind als einer einzigartigen Persönlichkeit begegnen und Vertrauen darin haben, dass es selbständig heranreifen wird, wenn wir all jene Anlagen fördern, die in jedem Individuum ohnehin angelegt sind.

Sind die Voraussetzungen erfüllt, dann können aus desinteressierten und unmotivierten Schülern auch wieder interessierte und wissensbegierige Kinder werden. Oder mit den Worten von Martin Wagenschein: »Hier stand ich nicht mehr vor Klassen von Schülern: ich sah mich von Kindern umgeben. Kinder sind ja etwas anderes als Schüler. Wenn sie Kinder bleiben dürfen, dann wollen sie lernen.«

Viertes Kapitel
Homo ludens oder die Bedeutung des Spiels

Ich halte das Spiel für das Universelle. Ich will hier eigentlich nur daran erinnern, dass kindliches Spiel alles enthält.
Donald Winnicott

Katharina ist gerade in die dritte Klasse gekommen. In jeder Pause und auch nach der Schule rennt sie zum Spielplatz der Schule hinaus. Dort beobachtet sie gespannt, wie ein Junge aus der zehnten Klasse mit atemberaubender Kunstfertigkeit mit sieben Bällen jongliert. Nachdem sie ihn einige Zeit beobachtet hat, erscheint sie mit drei Tennisbällen, stellt sich neben den jonglierenden Jungen, fragt ihn, ob sie auch jonglieren dürfe. Der Junge nickt. Katharina fragt nicht, ob der Jongleur ihr dabei helfen kann. Sie fängt einfach an. Erst mit zwei Bällen. Dann probiert sie es mit drei Bällen. Sie nimmt das Misslingen ohne ein Anzeichen von Frustration oder Verzagtheit hin, als wüsste sie schon im Voraus, dass das Beherrschen einer Fertigkeit Arbeit voraussetzt. Katharina ist dabei, sich neue Kompetenzen anzueignen, und Kompetenz bedeutet stets, etwas zu beherrschen, setzt also ein Können voraus. Katharina muss Bewegungsabläufe koordinieren, rhythmisieren, Körperbeherrschung lernen. Mit jedem weiteren Tag schärft sie deutlich erkennbar ihre Sinneswahrnehmung und steigert sich in ihrer Konzentrationsfähigkeit. Ein Aufgeben bzw. Scheitern steht für sie außer Frage. Denn mit jedem weiteren Tag verspürt sie einen Fortschritt und somit die Ermutigung, dabei zu bleiben. Frage ich Katharina, ob diese ausdauernde Arbeit, die sie sich selber auferlegt hat, sich wirklich lohnt, dann sieht sie mich verständnislos an. Sie meint, es mache ihr so viel Spaß und sei daher keine harte Arbeit. Wenn ich einwerfe, dass sie ja kaum mit anderen Kindern spiele, versteht sie mich ebenfalls nicht. Denn, so meint sie, das Jonglieren sei erst einmal ihre Lieblingsbeschäftigung.

Diese Geschichte habe ich nicht erfunden, sondern vor Jahren auf meiner Schule erlebt. Ich habe darüber oft nachgedacht und fand es bemerkenswert, dass für Katharina Spiel und Arbeit offensichtlich keine Gegensätze bedeuten. Durch dieses Erlebnis ist mir bewusst geworden, dass alle Formen des Spielens für Kinder zwar keine Arbeit bedeuten, doch gemessen an den Anstrengungen und der Energie, die sie dabei aufbringen, kann man ihr Spiel eben doch als Arbeit bezeichnen. Katharina möchte eine Kunstfertigkeit beherrschen, unter Kontrolle bringen. Dabei geht es ja nicht alleine um den Erwerb einer reinen handwerklichen Fertigkeit, sondern Katharina muss zugleich auch ihre Emotionen kontrollieren lernen; sie muss geduldig Fehlschläge und Frustrationen hinnehmen. Mit jedem Scheitern lernt sie intuitiv, wie sie es besser machen soll und somit auch jene Regeln, die ein Gelingen ermöglichen.

Leider hatte ich damals nicht das Privileg, Katharina zu unterrichten. Ich sprach jedoch über sie mit ihrer Klassenlehrerin. Im Unterricht sei Katharinas Verhalten leider nicht von jenen Tugenden gekennzeichnet, die ich bei ihr beim Jonglieren entdeckt hätte, meinte die Klassenlehrerin. Wie kann das angehen, fragte ich mich? Katharina beherrschte doch alle Instrumentarien zum erfolgreichen Lernen. Wieso entfalteten diese sich nicht im Klassenraum? War Katharina vielleicht unterfordert, oder bot der Unterricht ihr vielmehr keine Gelegenheit zu Selbständigkeit und Kreativität, wobei Qualitäten, die Kinder implizit bereits besitzen, bei den schulischen Lernprozessen nicht zum Tragen kamen?

In Kindergärten und Grundschulen höre ich immer wieder den Satz »Kann ich jetzt spielen gehen?« Ich beobachte, wie Kinder versuchen, mit einer Aufgabe im Klassenzimmer schnell fertig zu werden, damit sie die Chance erhalten, vorzeitig auf den Spielplatz zu gehen. Oft wird dies nicht erlaubt. Doch wenn sie einmal doch hinaus dürfen, dann spielen sie konzentriert, und es ist, als wollten sie damit nie wieder aufhören. Sonderbar, dass viele Pädagogen das Spielen als Zeitvertreib erachten.

Doch was bieten unsere Spielplätze den Kindern an Erfahrungsmöglichkeiten? Um diese Frage zu beantworten, braucht man nur die üblichen, tristen, wenige Quadratmeter Fläche beanspruchenden Kinderspielplätze allerorts zu besuchen. Auch moderne Spielplätze sind da nicht viel besser. Oft handelt es sich um futuristisch anmutende Hightech-Anlagen, bei denen aufgrund eines übersteigerten Sicherheitsbedürfnisses nichts mehr dem Zufall oder der Phantasie überlassen bleibt. Wo gibt es noch wilde Spielplätze, die Kinder einladen, diese selber zu gestalten? Es ist, als hätte die Welt der Erwachsenen das Recht, alles zu definieren, also auch die Gestaltung und die Größe der Räume und Orte, in denen sich die Kinder aufhalten dürfen. Gewiss, all dies ist längst eine alte Geschichte, doch sie muss man immer wieder »erzählen«, um zu begreifen, dass Kinder heute die wirklichen Außenseiter der Gesellschaft geworden sind. Das Recht der Kinder auf freie Entfaltung – wie weiter oben schon in der UN-Kinderrechtskonvention beschrieben – steht weitgehend nur noch auf dem Papier und wird kaum in der Alltagswirklichkeit eingelöst.

Wenn es nach mir ginge, würde ich die in Kindertagesstätten üblichen Spielplätze abschaffen. Stattdessen würde ich die freie Fläche mit Wasserstellen, mit herumliegenden Hölzern und Baumzweigen, Sträuchern, Bäumen, Hecken, Vogelhäusern, Sandbänken und Kieselsteinhaufen, einer Trockenmauer, großen Steinen, worunter kleine Lebewesen ihren Lebensraum finden können usw. ausstatten. Statt Klettergerüsten würde ich Höhlen und Unterschlüpfe bauen, in denen man sich verstecken kann. Ein wilder Platz mit vermodertem Holz, pilzbefallenen Baumstämmen, einer Höhle zum Hineinkriechen. Unterirdische Gänge teilweise mit lichtdurchlässigem Glas bedeckt. Bäume mit Efeu überwuchert. Sonnige und beschattete Plätze. Ich würde mit den Eltern einen Vertrag machen, dass sie damit einverstanden sind, dass sich ihre Kinder während ihres Aufenthaltes in der Kita schmutzig und nass machen dürfen.

Welche Bedeutung dem freien Spiel zufällt, konnte ich bei einer Heimgruppe, bestehend aus 11- bis 18-jährigen Jugendlichen, beobachten. Bei diesen Kindern waren Phantasiespiele sehr beliebt, die in einer Gruppe von fünf bis sieben Teilnehmern gespielt wurden. Es waren durchweg Rollenspiele, und alle Teilnehmer schlüpften in die jeweilige Rolle, die sie bei dem Spiel gewählt hatten. Im Verlauf des Spiels rückte die Realität fern und stattdessen entstanden buchstäblich phantastische Welten, mit Gestalten, die auf einmal in vielfältiger Weise miteinander zu kommunizieren wussten. Plötzlich konnten Mädchen und Jungen, die im Alltag wenig sprachen, drauflosreden, Emotionen zeigen und mit Empathie miteinander umgehen. Kein Spieler war ein Außenseiter. Das Spiel war vollkommen frei, spontane Einfälle wurden koordiniert und in die weitere Entwicklung des Spiels integriert. Treibende Kraft dabei waren Einbildungskraft und Kreativität. Das Spiel bezog sich nicht alleine auf das Hier und Jetzt, sondern spiegelte die Vergangenheit ebenso wie die Zukunft wider. Die Kraft der Phantasie ermöglichte das atemlose Einsteigen in alternative Welten. Was Kinder hierbei lernten, war für mich unermesslich. Solche Elemente sind, wie ich später herausfand, jedem Spielen innewohnend, selbst wenn Kinder alleine, zu zweit oder draußen in einer Gruppe spielen. Diese Spiele mit hohem Symbolcharakter verlangen den Teilnehmern ausdauernde Konzentrationsfähigkeit und Disziplin ab. Die Symbole stehen stellvertretend für etwas, was in der Realität nicht existiert, und solche Spiele gelingen nur, wenn alle Teilnehmer in der Lage sind, sich die Vorstellungen anderer anzueignen.

Ich arbeite nun schon seit vielen Jahren mit Kindergarten- und Grundschulkindern zusammen und hatte das Glück, die Realität vieler Einrichtungen näher kennenzulernen. Vor dem Hintergrund meiner Erfahrungen frage ich mich, wie viel Zeit ein Kind noch zum Spielen haben kann, wenn das Lernen zunehmend als eine akademische Tätigkeit betrachtet wird. Da die Schulerfahrung vieler Kinder einem Gefühl von Versagen gleichkommt, denke ich, dass es wert wäre, darüber nachzudenken, ob innerhalb und außerhalb der Klassenräume Formen des Spielens die Realität des schulischen Lernens erweitern sollten. Die Belehrungspädagogik betrifft ja nicht nur die Schulen. Seit einigen Jahren gibt es auch für Kindergärten Bildungspläne. Im Rahmen dieser Pläne taucht auch das Bekenntnis auf, dass das kindgemäße Lernen das Spiel sei. Auf der anderen Seite fragt man sich, wo die Kinder die Zeit zum Spielen hernehmen sollen, wenn sie gleichzeitig all die Kompetenzen erwerben sollen, die diese »Bildungspläne«, meist von Wissenschaftlern entworfen, propagieren. Die Kindertagesstätten geraten dabei zunehmend unter

Profilierungsdruck. Viele Einrichtungen beschaffen sich Experimentierkästen, rezeptartige Arbeitsblätter, Entwürfe von Portfolios und dergleichen mehr. Es gibt schon die Kategorie »Vorschulkinder«, und diese werden genau im Hinblick auf ihre Leistungspotenziale hin beobachtet, getestet und geprüft. Und was da bewertet und beurteilt wird, entspricht den Erwartungen der Grundschulen, die diese an die Erstklässler stellen. Ich habe bereits mehrere Kindergärten bzw. Kindertagesstätten kennengelernt, deren Alltag von einem »Tagesplan« strukturiert wird. Während namhafte Pädagogen die vornehmliche Aufgabe der Frühbildung darin sahen, das Kind geistig und emotional auf die Herausforderungen der Schule vorzubereiten, ist nun vielerorts die schulfächerorientierte »Fitmachung« der Kinder die eigentliche Bildungsaufgabe. Und so denken auch viele Eltern, die eine sinnvolle, kindgemäße Arbeit vieler Kindergärten zusätzlich erschweren.

Eltern möchten, dass ihr Kind gut vorbereitet in die Schule kommt und dass bestimmte schulische Inhalte schon vom Kindergarten vorbereitet werden. Viele Eltern glauben auch, dass es ihren Kindern im Kindergarten langweilig ist und sie unterfordert sind. Würden diese Eltern ihre Kinder genau beim Spielen beobachten, noch besser mit ihnen spielen lernen, dann würden sie zu einer anderen Einsicht gelangen.

Lesen wir die Texte von Pädagogen und Psychologen, die ihre Konzepte auf der Grundlage von intensiver Zusammenarbeit und Zusammenleben mit Kindern entwickelt haben, dann erfahren wir, welche übergeordnete Bedeutung sie dem Spiel bei der kognitiven und emotionalen Entwicklung des Kindes beimessen. Ich erwähne nur einige von ihnen: Schon Heinrich Pestalozzi (1746–1827) betrachtete als geeignete Lernumgebung das Spiel im Freien. Friedrich Fröbel (1782–1852) sah im freien Spiel den Drang des Kindes zur Selbständigkeit und Persönlichkeitsbildung. Maria Montessori (1870–1952) erachtete es als vornehmliche Aufgabe der Erwachsenen, Spielmaterialien und Spielräume zu entwickeln, die die Sinnesschulung und Selbständigkeit des Kindes fördern, dem Kind die Freiheit einräumen, die dafür verfügbaren Materialien seiner Entwicklung entsprechend auszuwählen. Lev Vygotsky (1896–1934) sah im Spiel das Instrumentarium für Kreativität, Gedächtnisförderung und Abstraktionsvermögen. Jean Piaget (1896–1980) erachtete das Spiel als die geeignetste Möglichkeit für ein selbständiges und entdeckendes Lernen. Für Piaget war das Spiel einem gelenkten Lernen weit überlegen. »Alles, was wir die Kinder lehren, können sie nicht selber entdecken und damit wirklich lernen.«

Vivian Paley (geboren 1929) hob in ihren Büchern hervor, dass im Spiel Kinder ihre Ängste überwinden lernen. Geschichtenerzählen und Phantasiespiele hätten großen Einfluss auf die geistige, soziale und sprachliche Entwicklung.

Susan Isaacs (1885–1948) erachtete das freie Spiel als Weg zur Selbsterfahrung, das dem Kind hilft, sowohl seinen Gefühlen freien Lauf zu lassen als auch mit seinen unterschiedlichen Emotionen sinnvoll umzugehen. Im Spiel findet das Kind geistige Entspannung, lernt seine Wünsche, Ängste und Phantasien zu integrieren, so Isaacs.

Donald W. Winnicott (1896–1971) hielt das Spiel als Mittel für therapeutisches Handeln von größter Bedeutung. Nach seiner Erfahrung ermöglicht das Spielen die Reifung und damit die Gesundheit des Kindes.

Unter allen Erziehungswissenschaftlern, Pädagogen, Hirnforschern und Psychologen ist es unumstritten, dass Spielen unter anderem die Spontaneität des Denkens, die Selbstbeherrschung, die Entwicklung von Regeln, die Genauigkeit der Sprache, die Vernetzung von Ideen, das Zurückgreifen auf die bisher gemachten Erfahrungen unterstützt. Das sind nur einige von vielen Faktoren, die Kindern dabei helfen, ihre Intelligenz und Emotionalität selbständig weiterzuentwickeln.

Wer Kinder genau beim Rollenspiel oder Spielen im Freien mit anderen Kindern beobachtet, erkennt leicht, dass es sich dabei um ein ganz offenes Spielen handelt, das Raum für die Entwicklung von Phantasie und Vorstellungsvermögen bietet, da es von Kindern selber gesteuert wird. Man kann den Verlauf und Ausgang des Spiels nie voraussagen. Die Perspektive des Kindes kann sich in jedem Augenblick verändern. Jede neue Idee wird beachtet und oft auch spontan in den Gang des Spiels integriert. Somit lernen die Kinder die Bewältigung von dynamischen Veränderungen; eine ideale Disposition für das Lernen überhaupt.

Ein sehr schönes Spiel-Beispiel, das ich miterleben durfte, will ich hier verkürzt schildern. Die Akteure sind Großmutter, Omm genannt, und Daniel, ein dreijähriges Kind. Die Großmutter spielt den Wolf und Daniel das Rotkäppchen. Daniel hält einen Korb in der Hand, in dem sich einige Esssachen und eine Flasche mit Saft befinden:

Großmutter: Du liebes Kind, ich habe großen Hunger. Hast du mir was zum Essen mitgebracht?

Daniel: Ja, ich habe Kekse für dich, auch Brot und Saft.

Großmutter: Ah, Kekse. Die mag ich so gern!

Daniel: Davon habe ich aber nicht viele. Möchtest du lieber Brot?

Großmutter: Hast du Schwarzbrot? Das esse ich so gern.

Im Korb ist jedoch kein Schwarzbrot.

Daniel: Ja, hier ist Schwarzbrot.

Großmutter verändert ihre Stimme, sie klingt plötzlich rau und bedrohlich.

Großmutter: Ich werde das ganze Brot aufessen.

Daniel: Omm, bist du Omm? Du hast mich doch gern?!

Großmutter: Ich habe dich zum Fressen gern.

Daniel: Warum klingt deine Stimme so?

Großmutter: Ich habe Hunger und bin erkältet.

Daniel: Omm jetzt wär ich der Arzt.

Großmutter geht darauf ein.

Großmutter: Herr Doktor, ich habe überall Schmerzen.

Daniel: Dann werde ich Ihnen einen Saft geben. Er schmeckt aber sehr bitter.

Großmutter: Ja bitte!

Daniel überreicht der Großmutter die Flasche. Sie trinkt ein wenig von dem Saft.

Großmutter: Das hat gutgetan, Herr Doktor!

Daniel: Ich gebe Ihnen auch Pillen.

Daniel bastelt schnell kleine Papierkugeln und überreicht sie der Großmutter.

Großmutter: Danke, Herr Doktor. So einen Doktor habe ich mir immer gewünscht.

Der Großmutter gelingt es, in jeder Phase des Spiels mit dem Kind partnerschaftlich zu agieren, d. h., sie übernimmt die Sicht des Kindes, betrachtet es als gleichberechtigt, geht mit dem sich verändernden Gang und den Regeln des Spiels mit. Die Großmutter unterbricht das Spiel nicht und geht intuitiv auf die Dynamik des Kindes ein, ohne dass es ihr bewusst ist, wie bedeutend Flexibilität die Ausbildung von Intelligenz und Phantasievermögen unterstützt.

Zum Glück gibt es viele Erwachsene mit dieser Gabe. Darin manifestiert sich ihr Respekt vor dem Kind und seiner Freude am Spiel und vermittelt ihm ein Gefühl von Sicherheit. Im Spiel können Kinder Gefühle von Gerechtigkeit, Fairness und Empathie entwickeln, die ihnen helfen, nachhaltige Beziehungen mit anderen Kindern einzugehen. Im Spiel versuchen die Kinder aber auch, ihre Ängste zu verarbeiten oder lassen Welten entstehen, wo das Gute über das Böse siegt. In seinem Buch »Ein Leben für Kinder« schreibt Bruno Bettelheim: »Viele Eltern versuchen, ihr Kind auf ein beängstigendes Erlebnis, wie z. B. einen Krankenhausaufenthalt, durch Gespräche vorzubereiten. Leider erreichen sie mit ihren verbalen Vorbereitungen aber nur, ihre eigene Angst etwas zu beschwichtigen. Sie täten ihrem Kind einen weit größeren Gefallen, wenn sie mit ihm vorher ›Krankenhaus‹ spielen würden.«

Selbst ganz kleine Kinder können durch das sogenannte »heuristische Spiel« Entdeckergeist entwickeln und ihr Lernen eigenständig steuern. Gemeint damit ist die Kunst, mit einfachen Mitteln Neugierde und analytisches Denken bei sehr jungen Kindern anzuregen. Dabei geht es hauptsächlich um Objekterkennung und um die Schulung visueller Wahrnehmung. Hierbei erhalten die Kinder z. B. eine Ansammlung von Dosen, Pappröhren, Gardinenringen, Muscheln, Tannenzapfen, kleinen und großen Ketten, Deckeln von Einmachgläsern usw. Eigentlich alle möglichen Alltagsgegenstände, die man unter Berücksichtigung von Sicherheitsaspekten auswählen kann. Die Erwachsenen haben dabei die Rolle des Beobachters. Die Kinder entscheiden nun selbständig, was sie mit den Gegenständen machen möchten. Sie können dabei die Eigenschaften der Objekte entdecken, diese nach Größe und Ähnlichkeit sortieren und dabei beispielsweise Konzepte von Form, Beweglichkeit, Festigkeit, Durchlässigkeit (Gegenstände mit einem festen Boden oder ohne, wie Pappröhren) entwickeln. Dabei können sie ihre Phantasie spielen lassen. So können sie zum Beispiel große Knöpfe oder ringförmige Gegenstände als Räder identifizieren oder ein Papprohr zu einem Instrument umfunktionieren, um die Lautstärke zu erhöhen. Erstaunlich dabei ist der langanhaltende Konzentrationswille. Auffallend auch, dass Kinder lernen, wie ihr Tun von Probieren und Fehlermachen (»Trial and Error«) begleitet wird und so zu neuen Erfahrungen führt.

Dazu ein Zitat von Sigmund Freud: »Jedes spielende Kind benimmt sich wie ein Dichter, indem es sich eine eigene Welt erschafft oder, richtiger gesagt, die Dinge seiner Welt in eine neue, ihm gefällige Ordnung versetzt. Es wäre dann unrecht zu meinen, es nähme diese Welt nicht ernst, es verwendet große Affektbeträge darauf. Der Gegensatz zu Spiel ist nicht Ernst, sondern Wirklichkeit. Das Kind unterscheidet seine Spielwelt sehr wohl, trotz aller Affektbesetzung, von der Wirklichkeit und lehnt seine imaginären Objekte und Verhältnisse gerne an greifbare und sichtbare Dinge der wirklichen Welt an.«

Die Bedeutung des Spiels in allen Erziehungsprozessen ist evident. Es ist unumstritten, dass aus dem Antrieb zu lernen der Wunsch nach Entwicklung von Fähigkeiten entspringt, die uns helfen, die Wirklichkeit bzw. das Leben zu bewältigen. In den vielfältigen Bewältigungsprozessen erleben wir das Zusammenspiel von Misslingen und Gelingen. Implizit erfahren wir, wie das Gelingen ein hohes Maß an Durchhaltevermögen und die Fähigkeit, Frustrationen zu ertragen, voraussetzt. Denn das Gehirn und der Körper lernen nicht spontan. Lernen ist letztlich konkrete Arbeit, und da Kinder im Spiel lernen, ist ihr Spiel ebenfalls Arbeit. Jede Hürde, die wir überwinden lernen, stellt eine Herausforderung dar. Im Spiel nehmen Kinder spontan Herausforderungen an, selbst Konflikte können sie dabei alleine lösen. Die Geringschätzung des Spiels verwehrt den Kindern die Chance zur Selbsteinschätzung und der Entwicklung von einem kompetenten und eigenständigen Handeln. Erwachsene, die mit Kindern nicht spielen können, werden es schwer haben, die Bedürfnisse des Kindes und seine Persönlichkeit zu erkennen. Der Kindertherapeut Donald Winnicott sagt sinngemäß, dass ein Therapeut, der nicht spielen kann, nicht befähigt ist, seinen Patienten zu helfen.

Fünftes Kapitel
Naturerfahrung als Welterfahrung oder Wie viel Natur braucht ein Kind?

Im Begriff der Bildung liegt es, dass sie wählt und einordnet. Bildung und Vollständigkeit schließen sich aus.
Martin Wagenschein

Da wir selber ein Teil der Natur sind, können wir die Natur in ihrer Ganzheit nicht verstehen. Es ist also eine Illusion zu meinen, dass unser Wissen über die Natur die Natur selber darstellt.

Wir haben als Kinder fast nur im Freien gespielt. Über Nebenstraßen konnten wir noch auf Rollschuhen dahinbrausen. In den Städten hatten die Autos nicht jede freie Fläche erobert. Zu Hause hatten wir keine Spielzeuge, denn sie gab es kaum. Dafür sahen unsere Zimmer, falls wir das Privileg hatten, eins allein für uns zu haben, ordentlich aus. Womit hätten wir denn Unordnung verursachen können? Es hat immer Spaß gemacht, im Park oder im Wald zu sein. Aber hatten wir deswegen wirklich mehr Ahnung über die Natur? Von meinen Freunden und von mir kann ich das jedenfalls nicht sagen. Einen Unterschied gab es zu den Kindern von heute aber doch. Wir wussten wenig über die Welt der Erwachsenen. Wir hatten keine Ahnung, welche Katastrophen es in der Welt gab, und wir hatten auch nicht die Möglichkeit, Bilder von Geschehnissen zu sehen, die die Schrecken in bunten Farben abbildeten. Noch sprach niemand vom »Verschwinden der Kindheit«. Die Kindheit war noch ein Schonraum, gegen die Wirklichkeit des Weltgeschehens abgeschirmt. Es gab noch keine Möglichkeit, virtuelle Welten aufzusuchen. Wir waren angewiesen auf soziale Kontakte und Kommunikation mit anderen Kindern, um unseren Alltag zu gestalten. So war es. Und es ist heute ganz anderes. Wir können jedoch die Verhältnisse vergangener Zeiten nicht in die Gegenwart projizieren. Ja, es stimmt, dass heute viele Kinder immer neurotischer, verhaltensauffälliger werden. Irgendwie bekommt ihnen der Wohlstand nicht. Doch sie sind da, und wir können sie auch nicht dauernd in Wälder schicken, damit sie sich beruhigen. Wir können auch nicht auf bessere Zeiten oder auf bessere Kindergärten und Schulen warten, die die Natur in den Mittelpunkt des Erlebens und Lernens stellen. Schön wäre es in der Tat!

Das Verhalten der Kinder ist ein Spiegel, in dem die Welt der Erwachsenen als Reflexion wahrnehmbar wird. Die Erwachsenen beklagen das auffällige Verhalten der Jugendlichen, als würden sie eine Wirklichkeit heraufbeschwören, die autonom entstanden ist. In der seelischen Verwahrlosung vieler Jugendlichen manifestiert sich das Scheitern, sich in einer Welt heimisch zu fühlen, dessen alltägliche Unheimlichkeit immer unbewältigbarere Dimensionen annimmt. Wenn es also so etwas wie ein »Natur-Defizit-Syndrom« tatsächlich gibt, dann müsste es schon bei den Erwachsenen, die heute die Eltern der Kinder sind, in fortgeschrittenem Stadium vorhanden sein. Um etwas zu lernen, brauchen wir nämlich die Möglichkeit des Nachahmens. Für das Nachahmen brauchen wir Vorbilder, deren Alltagshandeln deutliche Aspekte der natürlichen Welt integriert, jedoch nicht als Kompensation oder Ergänzung. Haben wir solche Vorbilder?

In diesem Zusammenhang erinnere ich mich an meinen

jüngeren Bruder. Wenn ich einmal mit ihm im nahe gelegenen verwilderten Park spazieren ging, entdeckte er auf Schritt und Tritt kleine Lebewesen, wie Käfer, Würmer, Ameisen, Zikaden oder Spinnen. Besonders erpicht war er darauf, jeden Käfer genau zu untersuchen. Er zeichnet ihn in seinem Büchlein auf, das er stets bei sich trug. Dazu wurden die Beine gezählt, die Körperform und Musterung festgehalten und vieles mehr, woran ich mich nicht mehr erinnern kann. Ich dagegen konnte mit weit geöffneten Augen durchs Gelände gehen und entdeckte gar nichts. Hatte mein Bruder eine besondere Veranlagung, Befähigung oder gar einen angeborenen Instinkt? All das hatte er nicht. Er hatte einen Freund, der sich leidenschaftlich für Käfer aller Arten interessierte, und dieser Freund hatte nun meinem Bruder die Augen für allerlei Lebewesen in unserer unmittelbaren Umgebung geöffnet. Der Freund war ihm ein Vorbild. Die heutigen Kinder wachsen immer mehr in getrennten Familien, oft als Einzelkind und ohne Geschwister oder viele Freunde auf. Familie als Ort der kindlichen Entwicklung mit Vorbildern, Bezugspersonen, Identitätsmöglichkeiten ist nicht mehr selbstverständlich.

Hinzu kommt noch eine andere Entwicklung: Ohne massive Eingriffe in die Natur, ihre Ausbeutung und Manipulation wären die produzierenden und konsumierenden Gesellschaften, wie wir sie in den reichen Ländern dieser Welt haben, nicht entstanden. Die ökonomischen und technischen Umwälzungen bis in die Gegenwart hinein haben zwei Kategorien entstehen lassen, nämlich die Welt der Menschen und die Welt der Natur. Wer in solchen Gesellschaften aufwächst, orientiert sich nach ökonomischen Bedingtheiten, und sein Handeln und Denken ist ebenfalls primär davon abhängig. Das Wissen über den Zusammenhang zwischen Natur, Ökologie und Gesellschaftsstruktur ist für diese Orientierung nicht notwendig, um zu überleben.

Das Abhängigkeitsverhältnis zwischen Mensch und Natur ist vermutlich archaisch verankert. Es bestand und besteht noch partiell in Kulturen, die sich langsamer entwickeln, was die Mehrheit der Weltbevölkerung betrifft. Wir staunen über die Tatsache, dass Gesellschaften, deren existentielle Grundlage auf Sammeln und Jagen beruhte, mehrere tausend unterschiedliche Pflanzenarten kannten. Diese Menschen machten naturgemäß eine ganz andere Naturerfahrung. Heute dagegen ernährt sich die Menschheit von wenigen Pflanzenarten (Reis, Kartoffeln, Mais, Weizen, Hirse). Es ist nicht verwunderlich, dass angesichts der rapiden Urbanisierung und der übermächtigen Technisierung der Lebenswelt der Natur in der westlichen Welt in Symbolgestalt des Waldes Attribute wie »heilend«, »sedierend«, »transzendierend«, »Trost spendend«, »spiritualisierend« usw. zugeschrieben werden. Wir sprechen sogar von der göttlichen Natur. Vielleicht sind wir geneigt, unsere inneren Sehnsüchte auf den Wald zu projizieren. Es macht aber wenig Sinn, den Wald zu mythologisieren oder ihn mit einer Weltanschauung zu vereinnahmen. Denn viele Kinder haben keinen Zugang zu einem Wald.

Ein Eskimokind erlebt die Natur in der Einzigartigkeit der Tundra. Ein Beduinenkind hört nicht auf, über die Weite und die Geheimnisse der Wüste zu staunen. Es gibt unendlich viele Beispiele von Naturerfahrung. In der Natur spielt sich unaufhörlich das wechselseitige Drama des Fressens und Gefressenwerdens ab. Auch diese Erkenntnis ist Naturerfahrung.

Naturerfahrung ist vielmehr die Bewusstwerdung eines unbegreiflichen Netzwerks, das wir Natur nennen. Das Merkmal dieses Netzwerks zeichnet sich durch Vielfalt, unaufhaltsame Veränderung und die wechselseitige Abhängigkeit von unüberschaubaren Ökogemeinschaften aus; und diese Abhängigkeit manifestiert sich in unzählbaren Mustern.

Insofern gibt es gar keine singuläre Naturerfahrung. Naturerfahrung ist das Staunen über die raffinierte Architektur eines Spinnennetzes, aber auch das Erlebnis, wie ausweglos die Lage eines Insekts ist, wenn es in das Netzwerk hineinfliegt. Naturerfahrung ist das Erleben einer Krötenwanderung, die Verpuppung einer Raupe. Naturerfahrung ist die Wahrnehmung von Wassertropfen, wie sie nach dem Regen als leuchtende Perlen auf den Blättern der Bäume und Sträucher sitzen. Naturerfahrung ist das Gewahrwerden des Zusammenspiels zwischen Bienen und Blumen. Naturerfahrung ist das körperliche Erleben von physikalischen Kräften. Diese Vielfalt der Naturphänomene ist überall erfahrbar, auch in den Metropolen der Welt. Und sie könnte noch stärker, eindringlicher und erfahrbarer gemacht werden, wenn es in jedem Kindergarten, in jeder Schule Lernorte für das Staunen und Verstehen der Naturphänomene gäbe. Sie könnten folgende Objekte enthalten, die von den Kindern zusammen mit den Erwachsenen gestaltet werden könnten:

- ein Gemüsegarten mit einigen Beeten
- ein kleiner Garten mit Sträuchern, Obstbäumen und Kräutern
- ein Blumen- oder Steingarten mit Trockenmauer
- Felsen zum Klettern, ein Hügel bestehend aus Erde und Gestein
- ein Teich oder eine Wasserstelle
- ein Vogelgarten mit vielen Brutplätzen und Vogelhäusern
- Räume mit Wasserspielen, Kaskaden und einem Wasserbecken zum Experimentieren
- ein Lichthof
- ein Feuerplatz
- ein kleines Laboratorium, in dem in der Umgebung gefundene Gegenstände gelagert und untersucht werden
- ein kleines Planetarium

Was könnten Kinder in Interaktion mit der Natur lernen? In erster Linie das Staunen über all die Alltagsbilder, die, näher betrachtet, rätselhaft erscheinen.

Immer wenn ich mit Kindern im Wald bin, erlebe ich, dass sie zunächst den Wald oder die freie Natur als einen Zuwachs an Bewegungsfreiheit erfahren und entsprechend herumrennen. Nachdem sie sich ausgetobt haben, fangen sie an, herumliegende Stöcke und manchmal auch Steine zu sammeln. Erst wenn ich sie auffordere, größere Steine ein wenig hochzuheben oder in das Innere von modernden, pilzbefallenen Baumstämmen hineinzusehen, entdecken sie die Faszination des sichtbaren Mikrokosmos von Laufkäfern, Asseln, Tausendfüßern, Ameisen, Milben und Spinnen. Eine ganze Schar von verschiedenen Lebewesen findet hier einen Lebensraum. Ich muss die Aufmerksamkeit der Kinder auf Hölzer lenken, die Algenbezüge tragen: ein Leckerbissen für die Schnecken. Ich muss die Kinder einladen, abgefallene Baumblätter anzuheben, auf denen laubfressende Insekten sitzen. Dabei erzähle ich nichts, ich gebe nur Anstöße, die Fragen kommen nach und nach. Nur bei der Begegnung mit Tieren kommt die Faszination von selber. Kinder brauchen Anlässe und eine geeignete Umgebung, die sie stimuliert, neue Erfahrungen zu machen. Dabei ist von Bedeutung, dass solche Anlässe sich wiederholen und nicht außerhalb der Erfahrungsmöglichkeiten der Kinder liegen. Denn nur dann können sie einen Lernprozess durchlaufen, der sie befähigt, Ehrfurcht vor und Bewusstheit ihrer natürlichen Welt zu erlangen.

Sechstes Kapitel

Zusammenarbeit mit Kindern – Die Forscherdialoge

Der Fortgang der wissenschaftlichen Entwicklung ist im Endeffekt eine ständige Flucht vor dem Staunen.
Albert Einstein

Kein Begriff müßte anders, als mittelst der Anschauung eingeführt, wenigstens nicht ohne sie beglaubigt werden. Das Kind würde dann wenige, aber gründliche und richtige Begriffe erhalten. Es würde lernen, die Dinge mit seinem eigenen Maßstabe zu messen, statt mit einem fremden.
Arthur Schopenhauer

Das übergeordnete Ziel meiner Zusammenarbeit mit Kindern ist, dass sie sich geistig und emotional weiterentwickeln. Bevor ich mir aber konkrete Schritte dahin überlege, mache ich mir Gedanken darüber, warum und wozu ich etwas erreichen möchte. Ich stelle mir also die Sinnfrage. Ich denke darüber nach, wie und wann Kinder etwas erfahren, lernen sollten, mit welchen Mitteln und pädagogischen Strategien. Ich stelle mir die Frage, was gelernt werden soll, wie es am besten gelernt werden kann und welcher Zeitpunkt für die

Aneignung des jeweiligen Wissens angemessen wäre. Ich möchte, dass die Kinder mit mir in einen Dialog eintreten, selbst wenn sie nur geringe Sprachkenntnisse besitzen. Ich animiere sie, viel zu erzählen. Da sie mit anderen Kindern zusammen sind, hören sie auch, was diese zu sagen haben, über welche Erlebnisse sie berichten und welche sprachlichen Formen sie dazu benutzen. So lernen die Kinder voneinander; sie lernen, einander zuzuhören und zu verstehen, was die anderen sagen und was damit gemeint sein könnte; also, wie man seine Gefühle und Eindrücke in Sprache übersetzen kann. Ich hoffe, dass ich damit einen kleinen Beitrag dazu leisten kann, dass Kinder sich ermutigt fühlen, Wörter gezielt anzuwenden und in diesem Prozess eine größere Bewusstheit der Sprache zu erlangen.

Ich teile mit den Kindern die gleiche Wirklichkeit. Allerdings nehme ich diese anders wahr als die Kinder. Der Unterschied in den Wahrnehmungen beruht darauf, dass ich naturgemäß erheblich mehr Erfahrung habe. Dies ist eigentlich der einzige Unterschied. Denn das Gehirn der Kinder arbeitet nicht anders als mein Gehirn. Nur sind in meinem Gehirn unvergleichlich mehr Vernetzungen von Erfahrungen entstanden. Ich ordne die Alltagserfahrungen, die beiläufig erlebten Bilder anders ein, bewerte sie anders, da ich ein größeres Wissen und eine größere Bewusstheit von Zusammenhängen erlangt habe. Bevor ich mich also auf die Suche von wie und wozu begebe, muss ich in Erfahrung bringen, wie die Kinder ein und dasselbe Geschehen in ihr Denken einordnen, einschätzen und bewerten. Dann erst kann ich auch erkennen, worin spezifisch der Wahrnehmungsunterschied zwischen ihnen und mir besteht. Ich muss daher versuchen, über den Weg eines Dialogs auf gleicher Augenhöhe das Denken und Fühlen der Kinder kennenzulernen. Ich muss meine Sprache, meine Begriffe, Bilder, Ereignisse, Geschichten usw. so auswählen, dass Kinder etwas dazu sagen können und somit ein echter Dialog in Gang kommen kann. Als Einladung zum Dialog muss ich etwas wählen, das den Kindern zwar vertraut vorkommt, aber dennoch ihre Neugier weckt, sie zu weitergehenden Überlegungen und Ideen anregt und in lebendiger Interaktion mit mir und anderen Kindern neue Konzepte, Erfahrungen und Erkenntnisse zu vermitteln vermag. Nur so kann ich einen kleinen Beitrag dazu leisten, dass Kinder in ihrem Denken und Können weiterkommen. Dies möchte ich nun anhand von Beispielen aus meiner Arbeit verdeutlichen.

Erster Forscherdialog: »Alle Vögel sind schon da«

Frühling

In einem Stadtkindergarten ist es Frühling geworden. Die Bäume haben damit begonnen, sich zu belauben. Der Löwenzahn wuchert überall. Die Tage sind nun länger, die Vögel hört man trotz Flugzeugdonner und ohrenbetäubendem Verkehrslärm. Im Kindergartengelände gibt es viele Sträucher mit prächtigen Dolden. Morgens sitzen auf den Grashalmen und Blättern der Sträucher Wasserperlen, die im Sonnenschein glänzen. Der Spielplatz ist umgeben von einigen hohen Bäumen, und neben dem Sandkasten wächst ein Apfelbaum. Vor dem Eingang steht eine Eiche mit wuchtigem Stamm und ausladenden Zweigen und nicht weit davon eine immergrüne Fichte. Das alles erinnert mich an die Allgegenwart des Frühlings im Kindergartengelände. Was könnte ich davon in einen Dialog mit den Kindern integrieren? Denn während der nächsten Tage möchte ich mich mit ihnen auf die Suche nach dem Frühling und den damit verbundenen Naturphänomenen begeben.

Wenn ich aufwache, fällt mir als Erstes der Gesang der Vögel auf, der während der Wintermonate verstummt war. Ich möchte in Erfahrung bringen, ob die Kinder einige Heimatvogelarten kennen und ob sie sich darüber wundern, dass erst im Frühling vermehrt Vogelarten zu sehen und zu hören sind. Wo waren sie geblieben und warum? Und warum hatten diejenigen, die man im Winter sah, sich das Schweigen auferlegt. Das ist alles, was ich als Anfangsfrage im Kopf habe. Was dann wirklich kommt und welche Entwicklung das Gespräch nehmen könnte, weiß ich nicht. Denn ein genaues Lernziel habe ich nicht im Kopf. Der kreative Prozess der Zusammenarbeit mit Kindern ist für mich das eigentliche Ziel. Als Einstieg wähle ich das bekannte Gedicht von Hoffmann von Fallersleben. Ich werde das Lied den Kindern vorsingen, werde für jedes Kind Bilder von »Amsel, Drossel, Fink und Star« mitnehmen und auch ein Wandplakat, auf dem viele Vogelarten mit den zugehörigen Namen abgebildet sind. Auch eine CD mit Vogelstimmen werde ich mir besorgen.

Erster Tag
Amsel, Drossel, Fink und Star

Zehn Kinder sitzen mir gegenüber. Folgender Dialog nimmt seinen Gang: »Wieso habt ihr keine warmen Sachen mehr an, friert denn niemand von euch?« Die Kinder schauen mich belustigt an. Ein Kind meint, es sei wärmer geworden. Ein anderes meint, ich hätte ja auch nur ein Hemd an. Doch zunächst sagt niemand von ihnen ausdrücklich, dass der Winter vorbei sei und dass es Frühling geworden ist. Ich denke, dass die Kinder dies schon implizit wissen, nur nehmen sie vielleicht die sichtbaren und fühlbaren Veränderungen der Jahreszeit nicht bewusst wahr. Das Zimmer, in dem wir sitzen, hat große Glasfenster, und der Blick nach draußen fällt auf Bäume und Sträucher. Ich frage, ob sich da draußen an den Bäumen etwas geändert hat. Erst jetzt kommen sie darauf, dass die Sträucher und Bäume sich belaubt haben. »Ich habe für euch ein Lied mitgebracht. Ich kann aber nicht gut singen. Soll ich es trotzdem singen?« Alle Kinder wollen das. Also trage ich singend das Gedicht mehr schlecht als recht vor:

Alle Vögel sind schon da,
alle Vögel, alle.
Welch ein Singen, Musiziern,
Pfeifen, Zwitschern, Tiriliern!
Frühling will nun einmarschieren,
kommt mit Sang und Schalle.

Wie sie alle lustig sind,
flink und froh sich regen!
Amsel, Drossel, Fink und Star
und die ganze Vogelschar
wünschen dir ein frohes Jahr,
lauter Heil und Segen.

Was sie uns verkünden nun,
nehmen wir zu Herzen:
Wir auch wollen lustig sein,
lustig wie die Vögelein,
hier und dort, feldaus, feldein,
singen, springen, scherzen.

Während meines Vortrages merke ich, dass einige Kinder es lustig finden, dass ich singe. Denn bisher hatten sie mich nicht singend erlebt. Ich merke auch, dass fast alle Kinder das Lied schön finden und bei einigen Wörtern wie pfeifen, tirilieren oder zwitschern hell auflachen. Merkwürdig finde ich auch, dass kein Kind mich nach der Bedeutung der Wörter fragt. Es ist, als hätten sie das Gedicht inhaltlich vollkommen verstanden. Das kann jedoch nicht sein, denn die Sprache des Gedichts ist recht befremdlich für die heutigen Kinder, denke ich und frage, ob sie alles verstanden hätten. Alle bejahen dies und möchten unbedingt, dass ich noch einmal singe. Ich sage, dass ich mir dies nicht zutraue, und es sei schöner zu singen, wenn man mit Gitarre oder Klavier begleitet wird. Kaum habe ich dies gesagt, möchten alle Kinder Brigitte holen gehen, die so schön singen und Gitarre spielen kann. Doch Brigitte ist heute nicht im Kindergarten. Alle Kinder versichern mir, dass sie das Lied gerne lernen würden. Nun gebe ich jedem Kind die Bilder der Vögel und hänge das Plakat mit Abbildungen von sehr vielen Vogelarten auf. Ich erkläre ihnen, welches Bild zu welchem Namen, also Amsel, Drossel, Fink und Star, passt. Ich frage, ob sie all diese Vogelarten schon einmal gesehen hätten. Nur zwei Kinder erkennen auf dem Bild die Amsel. »Vielleicht habt ihr die Stimmen dieser Vögel gehört?« Ich erkläre, dass ich eine CD mit Vogelstimmen mitgebracht habe. Alle Kinder wollen die Stimmen hören. Ich spiele ihnen jedoch nur die Stimmen der Vögel mehrmals vor, deren Bilder die Kinder bekommen haben. »Habt ihr vielleicht einmal diese Stimmen gehört?« Die Kinder sind unsicher, doch alle meinen, dass sie viele Vögel gehört hätten. Nun fordere ich sie auf, auf dem Plakat einen Fink zu suchen. Das geht in Sekundenschnelle. Auch die weiteren drei Vögel können sie mühelos auf dem Plakat identifizieren. Alle Kinder möchten nun nach draußen gehen, um Amsel, Drossel, Fink und Star zu entdecken.

Zweiter Tag
Wo waren die Vögel im Winter?

Einige Kinder haben schon Amseln und Finken gesehen, andere auch Schwalben und Drosseln; der Papa kannte die

Namen der Vögel. Wir suchen auf dem Plakat nach Schwalben und Drosseln. Die Kinder prägen sich das Aussehen der beiden Vogelarten ein. Ein Kind wundert sich, warum alle Vögel dünne Beine haben. Ich frage in die Runde, ob jemand dies erklären kann. Ein Kind meint, weil Vögel so klein und leicht seien. Ich schließe mich seiner Erklärung an und füge noch hinzu, dass große, schwere Tiere tatsächlich dicke Beine hätten, wie zum Beispiel der Elefant; vielleicht müssten seine Beine seinen schweren Körper tragen. »Ja«, meint ein Kind, »der Elefant hat ja auch vier Beine und der Vogel nur zwei.« Merkwürdig, dass ich selber nicht daran gedacht hatte!

Nun lenke ich die Aufmerksamkeit der Kinder wieder auf das Frühlingsgedicht. Ich erinnere sie daran, dass das Gedicht mit dem Vers »Alle Vögel sind schon da« beginnt. Das verstehe ich nicht. Waren denn die Vögel weg? Sind sie wieder da, weil es Frühling geworden ist? Kann jemand mir das erklären? Die Kinder haben zunächst keine Antwort darauf. Wir überlegen uns, ob man in den Wintermonaten keine Vögel sieht. Fast alle Kinder berichten, dass selbst, wenn Schnee liegt, Vögel zu sehen sind und man sie füttern sollte. »Muss man sie jetzt auch füttern?«, frage ich. Die Kinder überlegen, was sie mir antworten könnten. Zwei meinen, jetzt fänden die Vögel Würmer. »Und im Winter nicht?«, frage ich. Nein, im Winter finden sie keine Würmer. Alle sind sich darüber einig, dass die Vögel in den Wintermonaten nicht genug Nahrung fänden. Nun fragen wir uns, ob Vögel nur Würmer fressen. »Nein, auch Brot, Popcorn und Nüsse.« – »Und wie ist es mit dem Vogelgesang im Winter?«, frage ich. Einige Kinder meinen, dass im Winter alle Vögel schweigen, weil es zu kalt ist. Kein Kind erwähnt die Kategorie »Zugvögel«. Wenn Kinder etwas nicht wissen, dann bedeutet es stets, dass sie keine Gelegenheit hatten, es zu erfahren. Diese Kinder, denke ich, haben bisher weder von einem Erwachsenen etwas über die Zugvögel gehört, noch eine Geschichte darüber vorgelesen bekommen.

Ich habe Bilder von mehreren Vogelarten (Fliegenschnäpper, Schwalbe, Laub- und Rohrsänger, Grasmücke, Wildgans, Streifengans und Storch) mitgebracht. Da das Plakat mit den Abbildungen der Heimatvögel noch im Raum hängt, suchen wir die Zugvögel darin und finden fast alle. Ich erzähle, wie weit diese Vogelarten Jahr für Jahr fliegen; immer dorthin, wo es warm und sonnig ist. Erstaunlich finde ich, dass ich den Kindern nicht zu erklären brauche, weshalb die Vögel so weit fliegen. Auf meine Frage: »Was meint ihr, warum sie so weit fliegen? Mögen sie keinen Schnee?«, belehren mich die Kinder, dass der wahre Grund für die lange Reise der Mangel an Futter im Winter sei.

»Alle Vögel sind schon da« und »pfeifen, zwitschern, tirilieren«. Doch was machen sie noch, wenn sie nach der langen Reise hier angekommen sind? Alle Kinder sind der Meinung, dass die Vögel nun Nester für ihre Kinder bauen.

Ich habe einige Vogelnester mitgebracht. Sie entdecken, wie das Innere der Nester mit Stoffen wie Baumwolle, Schafswolle, Haaren, trockenen Blättern u.ä. gepolstert ist. Wo mögen sie diese Materialien gefunden haben und warum legen sie ihr Nest damit aus? Wohin bauen sie ihre Nester? Auf den Boden oder auf einen Ast? Die Außenseite ist mit wasserabweisendem Grün umflochten. Warum wohl? Die Kinder haben zu diesen Fragen ganz unterschiedliche Meinungen. Auf die Frage, wo die Vögel all diese Baustoffe gefunden haben, fällt ihnen die Antwort schwerer. Wo könnten die Materialien herkommen? Ein Kind meint, dass die Friseure oft die Tür ihres Ladens offen lassen und es den Vögeln somit gelänge, schnell reinzuschlüpfen und die Haare zu klauen. Doch diese These wird verworfen. Ein Kind erinnert sich daran, dass sich seine Katze im Winter ein dickes Fell zulegt und im Frühling Haare verliert, die die Vögel dann schnell fänden. Jetzt fallen den Kindern auch die Schafe ein, die auf Feldern und Wiesen grasen und Wolle verlieren. Ich erzähle ihnen, dass es in waldbewachsenen Gegenden auch andere Tiere mit Fell gibt. Ob jemand mir von Tieren erzählen könne, die im Wald beheimatet seien. Einige Kinder nennen Bambi, Hase, Fuchs und Wildschwein.

Das Nest von einem Stieglitzpaar finden die Kinder besonders faszinierend und staunen darüber, wie raffiniert die Vögel das Nest gebastelt haben. Wir überlegen uns sodann, wie viele Stieglitzkinder im Nest Platz finden könnten. Schließlich stellen sich die Kinder vor, sie wären ein Vogel und möchten für die Brut ein Nest bauen. Sie gehen hinaus und begeben sich auf die Suche nach den Materialien, die sie zum Bauen eines Nestes brauchen könnten. Atemlos kommen sie zurück, beladen mit Stoffen, die sie gefunden haben, und bauen emsig ein Nest nach.

Die Kinder bauen Vogelnester nach.

Dritter Tag
Vogelnester und die immer neuen Kleider des Löwenzahns
Die Kinder berichten, sie hätten Rotkehlchen, Specht, Sperling, Meise, Dompfaff und Eichelhäher gehört und gesehen. Wir suchen die Vogelarten und finden sie auch auf dem Plakat abgebildet. Die Kinder hören immer wieder belustigt ihre Stimmen.

Ich habe einige typische Nahrungsmittel mitgebracht, die Vögel neben Würmern, Larven, Insekten, Fliegen usw. auf ihrer Speisekarte haben: Johannisbeeren, Vogelbeeren, Äpfel, Birnen, Nüsse, Sonnenblumenkerne, kleine Samen. Die Kinder finden es komisch, dass Vögel auch Fett mögen. Sie stellen auch fest, dass die vorgezeigten Lebensmittel in den Wintermonaten nicht in der freien Natur zu finden sind.

Zum Schluss versammeln wir uns vor dem Plakat mit den Vogelbildern und machen ein Spiel. Ich sage zum Beispiel: »Ich sehe den Sperling, du aber nicht!«, dann suchen die Kinder das Abbild von Sperling und zeigen mit dem Finger darauf. Ich staune, wie schnell sie sich das Aussehen und die Namen der Vögel eingeprägt haben. Ich habe Mühe, mit diesem Spiel aufzuhören. Nicht nur hier merke ich, wie viel Energie und Ausdauer sie im Gegensatz zu mir haben.

Ich verspreche den Kindern, dass wir im Herbst Vogelhäuser bauen. Dazu werde ich versuchen, trockene Kürbisse zu besorgen. Wir werden sie schön bunt bemalen, ein Einstiegsloch hineinbohren und noch weitere ganz kleine Löcher, damit das Vogelhaus trocken bleibt.

Vierter Tag
Warum wächst der Löwenzahn nicht unter belaubten Bäumen?
Der Löwenzahn ist eine sonderbare Pflanze, denn sie hat nicht nur gelbe Blüten, sondern auch grüne, rosettenförmig angeordneter Blätter, die gelappt und gezahnt sind. Das Wur-

zelwerk ist ungewöhnlich lang, zuweilen bis zu zwei Metern. Die gelbe Blüte schließt sich nach einiger Zeit, dann öffnet sie sich als Pusteblume. Ich möchte zusammen mit den Kindern die Stadien der Verwandlung beobachten. Aber zuerst werden wir uns auf die Suche von Plätzen begeben, wo der Löwenzahn gedeiht.

Als Erstes gehen wir zur Eiche. Vor der Eiche entdecken wir ein Meer von Löwenzahnblüten. Doch unter dem Laubwerk der Eiche blüht kein einziges Löwenzahnblümchen. Dies fällt den Kindern auf. Ich fordere sie auf, im Gelände einen Ort zu suchen, wo der Löwenzahn auch im Schatten wächst, doch sie haben keinen Erfolg. »Das verstehe ich aber gar nicht«, bemerke ich. Doch sofort kommt ein Kind auf die Idee, dass der Löwenzahn Licht braucht. Alle Kinder teilen diese Meinung. Wir sprechen auch darüber, wo bei den Kindern zu Hause die Topfpflanzen stehen. Sie berichten, dass diese stets nah am Fenster stehen, damit sie das Licht sehen können. Ich rege an, dass wir zu einem nahe gelegenen Wäldchen gehen sollten, um zu sehen, ob der Löwenzahn vielleicht im Wald wächst. – »Was meint ihr?« Einige Kinder sind unsicher, doch die Mehrheit meint, im Wald sei viel Schatten, und der Löwenzahn mag keinen Schatten. Als wir im Wald sind, entdecken wir, dass der Löwenzahn nur am Waldrand wächst und nicht unter den Bäumen.

Vielleicht wachsen andere Pflanzen ohne Licht, frage ich, die Kinder verneinen dies. Ich grabe mühsam zwei Löwenzahnpflanzen samt dem Wurzelwerk aus. Sie staunen über die Länge der Wurzel. Ich erzähle, dass der Löwenzahn wegen seiner langen Wurzeln immer wieder blüht, auch wenn man seine Blüte verletzt hat. Wir unterhalten uns darüber, ob alle Pflanzen immer Blüten, Blätter und eine Wurzel hätten. Auch dies wissen die Kinder. Und wie ist es mit den Bäumen? Hat die Eiche auch Blüten? Das verneinen die Kinder. Ich sage darauf nichts. Statt den Sachverhalt richtigzustellen, muss ich mir überlegen, wie ich mit ihnen gemeinsam entdecken könnte, dass auch alle Bäume Blüten haben.

Über die nächsten Wochen hinweg beobachten wir den Löwenzahn und seine Verwandlungen. Besonders erstaunt sind die Kinder darüber, dass die gelbe Blüte sich über Nacht schließt. Sie bringen jeden Morgen die Blüten in den Kindergarten mit und beobachten gespannt, wie sie nach einer Weile von selbst aufgehen. Offenbar, so meinen die Kinder, mögen sie die Kälte nicht. Immer wieder staune ich darüber, dass selbst dreijährige Kinder kausal denken können.

Zweiter Forscherdialog: Wasserschöpfen

Meine Gesprächspartner im vorangegangenen Beispiel waren Kinder, deren Muttersprache Deutsch ist. Es war also möglich, alles zu verbalisieren, d. h. über die Sprache Gedanken anzuregen und Ideen sichtbar zu machen. An Handlungen, aber auch an den sprachlichen Äußerungen der Kinder konnte ich erkennen, ob sie neue Erkenntnisse erworben hatten.

Seit zwei Jahren arbeite ich in der Stadt Offenbach in mehreren Kindertagesstätten. Mehr als achtzig Prozent der Kinder sprechen Deutsch nicht als Muttersprache. Ich muss mir also überlegen, wie ich auch mit diesen Kindern ins Gespräch kommen und dazu beitragen kann, dass sie nicht nur in ihrem Denken, sondern auch in der deutschen Sprache vorankommen. Als Ausgangspunkt muss ich mir praxisorientierte Aktivitäten überlegen, die zunächst zwar nonverbalen Charakter haben, aber letztlich die Kinder dazu anregen, sich mitzuteilen und mir die Chance einräumen, Fragen zu stellen, mit dem Ziel, die Sprachkompetenz der Kinder zu fördern.

Der Ausgangspunkt ist die Aufgabe, Wasser, das sich in einer Wanne befindet, mit Hilfe von diversen zum Schöpfen geeigneten Gegenständen wie Esslöffel, Suppenkelle, Teelöffel, Sieb, Trichter, Schwämme und Plastikschalen in Gefäße wie enghalsige Flaschen, Einmachgläser und Becher unterschiedlicher Größe zu füllen. Ich möchte, dass die Kinder unter Benutzung von vertrauten Materialien eine Aufgabe bewältigen lernen, die ihnen neue Erfahrungen und Erkenntnisse zu vermitteln vermag. Nachdem ich sichergestellt habe, dass die Kinder die Aufgabe verstanden haben, trete ich zurück und greife in das Geschehen nicht mehr ein. Auch die Kinder vergessen, dass ich überhaupt da bin. Bei dieser Aufgabe müssen die Kinder Entscheidungen treffen. Aber Entscheidungen kann man nur dann fällen, wenn man die Gelegenheit bekommt, zwischen mehreren Optionen zu wählen. Genau diesen Aspekt kann man bei dieser Übung beobachten. Jedes Kind fängt individuell an. Ein Kind wählt die Kelle zum Einfüllen des Wassers in die enghalsige Flasche, ein anderes Kind entscheidet sich für den Trichter oder das Sieb. Mit dieser Entscheidung beginnt bereits der Erkenntnisprozess und damit einhergehend die Bewältigung einer Aufgabe.

Es gibt Kinder, die die Kelle sehr schnell weglassen und stattdessen mit dem Teelöffel hantieren und dabei entdecken, dass mit dem kleineren Löffel der Transport zwar langsam, jedoch effektiver vorangeht. Die anderen Kinder bleiben zunächst recht lange bei dem Sieb oder dem Trichter, bevor sie klar erkennen, dass damit der Wassertransport nicht gut funktioniert und nach dem Löffel oder sogar nach dem Schwamm greifen. Dann gibt es Kinder, die recht schnell die richtige Bedeutung des Trichters erkennen, ihn auf die Flasche setzen, die Suppenkelle in die Hand nehmen und in kurzer Zeit große Mengen Wasser in die Flasche füllen. All das braucht Zeit, und diese haben die Kinder. Selbst nach neunzig Minuten wollen sie nicht aufhören. Zeitweise sind sie so in ihre Arbeit versunken, dass vollkommene Stille herrscht.

Die Materialien

Was eignet sich zum Wasserschöpfen besser? Das Sieb?

Oder der Trichter?

Vielleicht geht es mit der Kelle noch besser?

Dann wird die Kelle abgelegt und der Löffel kommt zum Einsatz.

Auch der Schwamm wird ausprobiert.

Ich lasse die Kinder fast zwei Stunden lang allein arbeiten. Danach gehe ich zu jedem Kind und stelle folgende Fragen oder fordere es auf, bestimmte Dinge zu tun. Im Folgenden wird dies beschrieben:

Schritt 1

Die Kinder füllen erst einmal zwei identisch große Einmachgläser mit Wasser. Ich fordere sie auf, in beide Gefäße das Wasser gleich hoch zu füllen. Dann frage ich sie, ob in beiden Gefäßen gleich viel Wasser vorhanden sei. Wenn die Kinder unsicher sind, und das sind fast alle dreijährigen Kinder, dann füllen wir das Wasser in zwei Messbecher und schauen, ob die Marke bei beiden gleich ist.

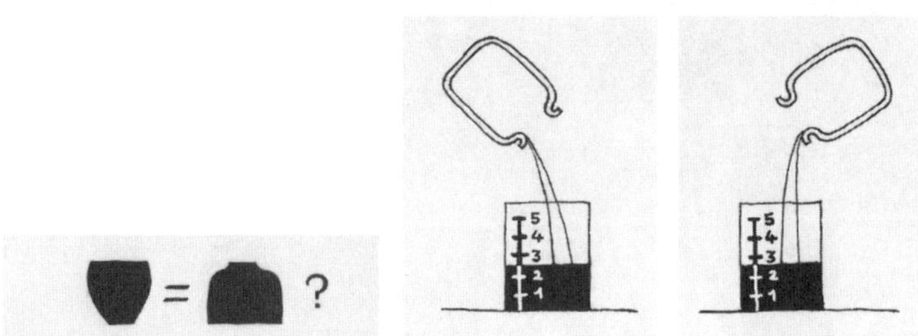

Schritt 2

Jetzt bekommen die Kinder zwei unterschiedlich große Einmachgläser und sollen in beide das Wasser gleich hoch einfüllen. Wenn dies nach Augenmaß geschehen ist, wiederhole ich meine Frage. Die Kinder sagen stets, dass in beiden Behältern *gleich viel* Wasser sei. Mit dem Messbecher überprüfen wir die Aussage und stellen fest, dass sie nicht stimmt. Einige Kinder vermuten, das liege an der unterschiedlichen Größe der Gläser, sind sich jedoch nicht ganz sicher. Ich nehme nun ein längliches, zylinderförmiges Glas, und überführe den Inhalt von dem kleinen Einmachglas in den Zylinder, den es fast vollständig füllt. Jetzt leere ich den Zylinder und fülle ihn mit dem Wasser aus dem großen Einmachglas. Das Wasser schwappt über. Dies hilft weiter.

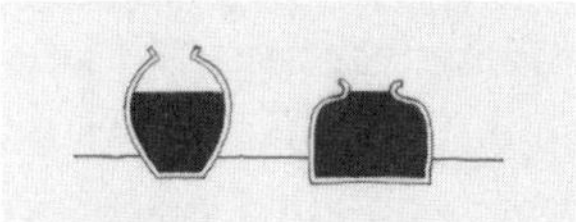

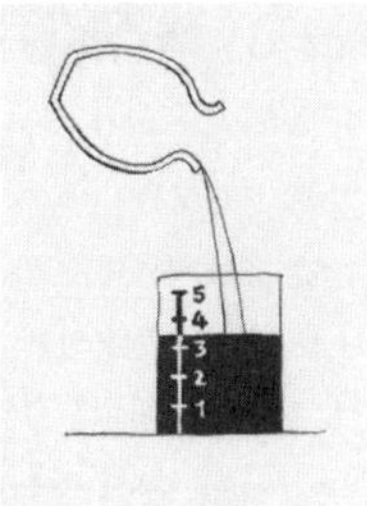

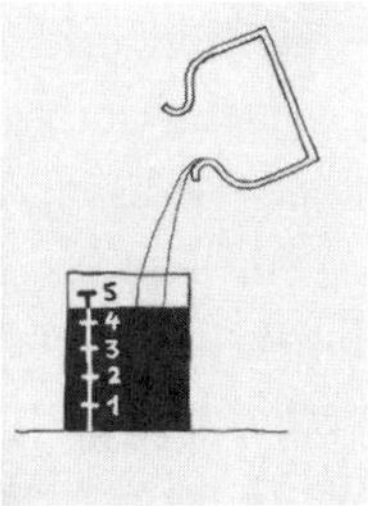

Schritt 3

Ich habe wieder zwei gleich große Einmachgläser. In einem von beiden befindet sich ein Stein. Das Wasser steht in beiden gleich hoch. Viele Kinder meinen, beide enthielten *gleich viel* Wasser. Ich fordere sie auf, den Stein herauszunehmen, das Wasserniveau fällt sofort. In dasselbe Glas wird jetzt ein noch größerer Stein gelegt. Das Wasserniveau steigt wieder, ist auch höher als im Glas ohne den Stein. Wir ersetzen den Stein noch einmal mit einem größeren; ein Teil des Wassers fließt heraus. Jetzt bekommen die Kinder Bechergläser und mehrere Steine von unterschiedlicher Größe und können damit experimentieren.

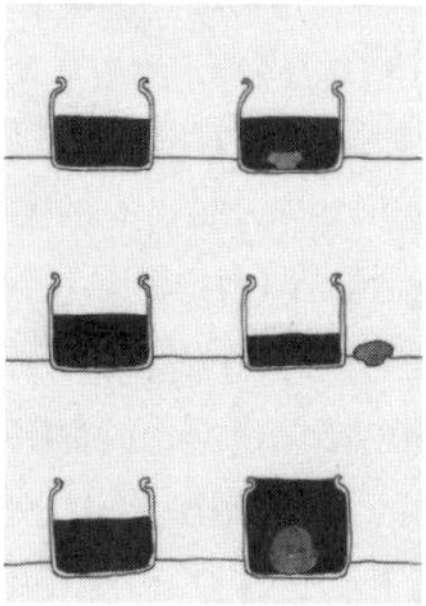

Am Ende haben in der Regel alle Kinder eine Vorstellung von Volumen bzw. von dem Zusammenspiel von Größe und Platzbeanspruchung. Alle können sagen, dass die Steine Platz brauchen und daher das Wasserniveau sich verändert oder gar »aus dem Glas weggehen muss«, damit der Stein darin »baden« kann, wie sie sagen.

Die Kinder lernen die Größenordnung, die Passung, die Funktion der Materialien ohne Lenkung kennen. Sie korrigieren sich selber in ihren Entscheidungen. Fortwährend werden ihre Handlungen zielgerichteter und auch geschickter. Sie machen neue Erfahrungen mit ihrem Kopf und Körper. Sie erlangen eine neue Stufe des Denkens.

Ich kann dabei sehr viel über die Kinder lernen. Ich sehe, wie unterschiedlich sie sich verhalten bzw. entscheiden. Ich erlebe, dass einige dreijährige Kinder entscheidungsfreudiger und zupackender mit der Aufgabe umgehen als manche fünfjährige Kinder. Vermutlich wachsen diese Dreijährigen in einer Umgebung auf, wo sie mehr Ermutigung und Anregungen erfahren als die Fünfjährigen. Ich sehe also ihre Defizite und kann mir darüber Gedanken machen, mit welchen Maßnahmen ich sie unterstützen, ihnen weiterhelfen könnte.

Dritter Forscherdialog: Sandschöpfen

Mit dieser Übung verfolge ich die gleichen Ziele wie beim »Wasserschöpfen«. Allerdings müssen die Kinder hierbei einige andere Strategien und Arbeitstechniken entwickeln. Erst spreche ich mit ihnen über den Unterschied von Sand und Wasser. Also was besser fließt, was nass macht, was man besser anfassen und in der Hand halten kann. Kann man Sand auch gießen? Mit Sand kann man bauen. Geht das auch mit Wasser? Kann Wasser nass werden (diese Frage amüsiert die Kinder), kann Sand nass werden? Wenn es regnet, wird die Straße nass. Bleibt sie dann für immer nass? Kann Sand verdunsten, also mit der Sonne auch weniger werden wie Wasser? Welcher Sand ist zum Bauen besser, der trockene oder der nasse Sand? Wenn Wasser gefriert, entsteht Eis. Eis taut oder schmilzt. Können Steine auch schmelzen. All diese und ähnliche Fragen regen die Kinder an, ihr vorhandenes Wissen abzurufen, sich die erlebten Bilder zu vergegenwärtigen und somit Bewusstheit für die Zusammenhänge zu erlangen. Dabei lernen sie Dinge benennen und ihre Sprachkenntnisse erweitern. Folgende Materialien stehen zur Verfügung:

Ein Gemisch aus Sand, Steinen und Hölzern

Ein Eimer nasser und ein Eimer trockener Sand

Die Kinder sind sehr neugierig auf die Materialien.

Auf unterschiedliche Weise versuchen die Kinder, Sand in die Gefäße zu füllen.

Der Unterschied zum Wasserschöpfen wird gleich klar.

Die Kinder füllen nun, wie bei der vorangegangenen Aktivität, Sand in die bereitgestellten Gefäße und beschreiben dabei, welche Erfahrungen sie machen und welche Unterschiede zum Wasserschöpfen sie dabei entdeckt haben.

Mir fällt auf, dass die Kinder sofort das Sieb auswählen, um den Sand von Steinen und Hölzern zu befreien. Auch bei allen anderen Aktivitäten können sie die beim Wasserschöpfen gewonnenen Erfahrungen gezielt einsetzen. Sie können ihr Wissen übertragen.

Vierter Forscherdialog: Kinder als Entdecker und Gestalter

Bei der folgenden Übung lernen die Kinder völlig selbständig einige wichtige Zusammenhänge kennen, und darüber hinaus entwickeln sie spontan Konzepte ästhetischer Gestaltungsmöglichkeiten. Wissenschaftliche Kategorien wie Beobachten, Beschreiben, Ordnen, Sortieren, Klassifizieren lernen sie intuitiv und zeigen spontan Sinn für Formschönheit.

Schritt 1

Die Kinder bekommen ein Gemisch aus trockenen Bohnen, Erbsen, Linsen, Rosinen, Wacholder, Mais, Reis, Nüssen, Körnern und anderen Getreiden. Außerdem erhalten sie eine frische Bohne, eine frische Erbse und eine Traube.

Sie werden aufgefordert, die Lebensmittel zu benennen, die grüne Bohne und die Erbse mit der trockenen zu vergleichen, die Rosine mit der Traube. Anschließend sollen sie das Gemisch nach Gleichheit sortieren; also Bohnen von Mais trennen usw. Darüber hinaus sollen sie nach zwei vollkommen gleichen Bohnen, Rosinen o. ä. suchen. Dann trete ich zurück, und die Kinder sind in der Regel vierzig bis sechzig Minuten lang beschäftigt. Es herrscht so lange auch vollkommen Stille.

Sie fangen langsam an, die Lebensmittel anzufassen und sich die jeweilige Form und Farbe einzuprägen. In einigen Kitas kennen die Kinder die Namen der Lebensmittel nicht. Dann erfolgt der Vergleich zwischen der Rosine und der Traube, ebenso zwischen der grünen Bohne und der grünen Erbse und der getrockneten. Weshalb die grüne Erbse und die Bohne weich im Gegensatz zu den getrockneten sind, können die Kinder erst einmal nicht erkennen. Ebenso können sie sich nicht vorstellen, dass die Rosine durch Trocknen der Traube entstanden ist. Ich fordere sie auf, mit dem Finger die frische Erbse, Bohne und die Traube zu zerdrücken. Es ist den Kindern deutlich, dass alle drei sich feucht anfühlen bzw. eine Flüssigkeit absondern. Allerdings sind sie nicht sicher, ob es sich dabei um Wasser handeln könnte, weil sie zwischen Saft und Wasser einen Unterschied vermuten. Ich erinnere sie an den nassen Sand. Wie wird er trocken? Fühlt sich der trockene Sand härter an als der nasse? In der Regel hilft dieser Hinweis den Kindern dabei zu vermuten, dass die Flüssigkeit der Bohne, Erbse und der Traube »weggegangen« sein muss, damit die harte und trockene Form entsteht. Allerdings fühlt sich die Rosine nicht so hart an wie die trockene Bohne und Erbse. Die Kinder probieren nun den Geschmacksunterschied zwischen frischen und der getrockneten Lebensmitteln. Besonders die Rosine schmeckt deutlich anders als die Traube. Ich habe eine Tüte voll mit getrockneten Obstsorten mitgebracht. Auch diese probieren die Kinder hinsichtlich des Geschmacks. Sie staunen darüber, dass die Flüssigkeit in der frischen Form so viel Veränderung an Geschmack verursacht.

Nun beginnt die Sortierung. Fast jedes Kind hat dabei eine unterschiedliche Vorgehensweise. Während einige von ihnen erst einen Haufen der Mischung in die eine Hand nehmen und mit der anderen Hand sortieren, lassen die andern das Gemisch auf dem Pappteller. Dann gibt es welche, die ein kleines Häufchen auf den Tisch überführen oder bereits auf dem Pappteller mit der Sortierung beginnen. Bereits nach wenigen Minuten fangen die Kinder an, die Materialien in unterschiedlichen Formen anzuordnen. Es entstehen Figuren und Arrangements, die ästhetische Ordnungsprinzipien offenbaren. Manchmal sind die Kinder selbst über ihre eigenen Kreationen erstaunt. Nachdem die Sortierung beendet ist, suchen sie nach zwei identischen Bohnen, Erbsen usw. Diese Übung erfordert hohe Konzentration und genaues Hinsehen bzw. die Schärfung der Beobachtungssinne. Kein Kind kann zwei identische Objekte finden. Dies überrascht sie sehr. Ich versuche, ihnen diesen Befund mit einem Gleichnis zu erläutern. »Stellt euch vor, eine Bohne oder eine Erbse hätte die Aufgabe, euch nach Mädchen und Jungen zu sortieren und forderte alle Mädchen auf, sich auf die linke Seite des Tisches zu begeben, die Jungen sollen zur rechten Seite gehen. Nun sitzen alle Mädchen den Jungen gegenüber. Würde ich nun die Bohne fragen, zeig mir bitte zwei ganz gleiche Mädchen, würde sie das schaffen?« Die Kinder finden meine Erklärung nicht nur zum Kaputtlachen, sondern auch einleuchtend. Ich erzähle den Kindern, dass in der Natur niemals zwei Dinge identisch sind. Dies könnten sie gleich nachher bei den Baumblättern nachprüfen. So wie es auch keine zwei identischen Hühner, Enten, Elefanten, Pferde, Löwen, Schäferhunde, Katzen, Rosen, Äpfel, Orangen, Bananen usw. gibt. Die Natur hat eben Verschiedenheit gern. Diesen Aspekt versuche ich immer wieder an verschiedenen Beispielen während meiner Arbeit mit den Kindern zu verdeutlichen. Vielleicht auch deshalb, weil ich höre, dass zuweilen einige Schulpädagogen den Wunsch nach homogenen Schulklassen artikulieren. Dieser Wunsch ist jedoch gegen die Natur gerichtet und daher unerfüllbar. Auch wird unerfüllbar bleiben, wenn vielerorts Kinder und Jugendliche in Gute, weniger Gute und gar Schlechte sortiert werden. Wer nicht bereit ist, Methoden der Bewältigung von Inhomogenität zu erlernen (Managing Diversity), wird den Kindern nicht gerecht.

Schritt 2

Die Kinder lernen, Vergleiche anzustellen, die Vielfalt von Materialien zu erkennen und zu benennen. Sie begegnen Naturgesetzlichkeiten, lernen Größen- und Mengenverhältnisse einschätzen. Besonders Kinder, deren Muttersprache nicht Deutsch ist, lernen ungewöhnlich schnell, die Namen der Materialien und ihre Eigenschaften zu verbalisieren. Wenn sie am Anfang der Übung beispielsweise das Wort Rosine nicht kannten, dann wissen sie dies am Ende einer knappen Stunde. Ebenso gut beherrschen sie nun einige Eigenschaftswörter. Sagten sie am Anfang »Stein« statt »hart«, so ist dies jetzt nicht mehr der Fall. Auch Komparative wie »härter« oder »weicher als …« können sie nun gezielt anwenden. Hier eine Auswahl von Fragen, die die Kinder beantworten lernen:

- Was von den aussortierten Stoffen ist hart, und was ist weich?
- Was ist härter, die Bohne oder die Rosine?
- Was ist weicher, der Wacholder oder die Rosine?
- Was ist klein, und was ist groß?
- Welche Bohne ist unter den Bohnen am kleinsten?
- Welche Erbse ist am größten?
- Was ist rund?
- Was ist am rundesten?
- Ist die Erbse runder als das Maiskorn?
- Was rollt besser als die Erbse?
- Warum rollt die Linse nicht, obwohl sie rund ist?
- Warum rollen die Erbse und der Wacholder besser als das Maiskorn?

- Was geschieht, wenn man den Wacholder kräftig mit einem Finger auf dem Tisch zusammendrückt?
- Nimmt der Finger, mit dem man den Wacholder zusammengedrückt hat, einen Geruch an?
- War der Duft im Wacholder eingesperrt?
- Riechen auch die anderen Materialien, wenn man sie zusammendrückt oder mit einem Mörser zermalmt?
- Wie viele Bohnen passen in einen Plastikbecher, wie viele Linsen in denselben Becher?
- Warum passen weniger Bohnen als Erbsen in dasselbe Becherglas?

Schritt 3

Die Kinder bekommen Strohhalme, deren obere Seite man knicken kann. Mit Hilfe der Strohhalme sollen sie die vor ihnen liegenden Materialien zurück auf den Pappteller überführen. Wozu ist diese Übung gut? Die Kinder sollen, wann immer möglich, ihre Geschicklichkeit entfalten und darüber hinaus Kontrolle üben lernen.

Im ersten Augenblick kommen nur wenige Kinder dahinter, dass man eine Erbse oder eine Bohne durch Saugen an der Öffnung des Strohhalms festhalten kann, allerdings muss man sich dabei geschickt verhalten, sonst fällt die Erbse wieder hinunter. Wenn der Gegenstand angesaugt ist, muss man aufhören zu saugen, zuweilen sogar pusten, um ihn auf dem Teller zu platzieren. All dies erfordert Koordination und Konzentration. Besonders schwierig wird es, wenn man ganz kleine Stoffe, wie zum Beispiel ein Reiskorn, transportieren muss. Jetzt muss man so sanft saugen, dass das Reiskorn nicht in den Mund gerät. Einige Kinder erkennen, dass es in diesem Fall geschickter ist, wenn man das Reiskorn in den geknickten Teil des Strohhalms saugt, dann kann es nicht in den Mund gelangen.

Schritt 4

Die Kinder bekommen einen Mörser mit Stößel, Maiskörner, Salz, Wasser, Speiseöl, Thymian, Trockenhefe, 10–15 ml Milch, Plastikbecher.

Aus Maismehl und den anderen Zutaten wird ein Maisbrotteig hergestellt, aus dem runde Plätzchen geformt werden. Diese werden dann in der Kitaküche gebacken.

Das Gemisch wird hergestellt.

Kinder beim Sortieren

Wenn sie fertig sind, werden sie geschmacklich mit dem Maismehl verglichen. Die Kinder erfahren, wie sich der Geschmack verändert hat.

Der Wacholder wird zusammengedrückt.

Was rollt am besten?

Kleine Gegenstände lassen sich gut mit eingeknicktem Strohhalm hochheben und transportieren.

Fünfter Forscherdialog: Kinder, seid stark wie ein Baum!
Sommer

Erster Tag
Wieso ist es unter den Bäumen kühler?

Es ist Sommer geworden. Die Bäume haben sich belaubt. Die Kräuter am Waldboden sind verschwunden. Nur die Pflanzen, die zu klettern gelernt haben wie der Efeu, sind noch da und streben zum Sonnenlicht. Auch im Kindergartengelände sieht man efeuumrankte Bäume. Ich möchte mit den Kindern erforschen, wie Bäume Wasser aufnehmen. Die Kinder wissen, dass Pflanzen Wasser zum Überleben brauchen. Sie erleben jeden Tag, wie in den Räumen der Kita Topfpflanzen begossen werden. Doch die Bäume begießt nur der Regen, und der ist nun lange ausgeblieben. Wir gehen hinaus, um mehr über Bäume zu erfahren. Wir stellen uns unter eine Buche. Teile ihres wuchtigen Stammes sind von Efeu bedeckt. Erst stellen wir uns vor dem Baum auf, dort, wo das pralle Sonnenlicht uns erwärmt. Nach einigen Minuten stellen wir uns unter das Laubwerk der Buche. Ich frage die Kinder, ob sie einen Unterschied merken, wenn wir aus der Sonne weg unter den Baum gehen.

»Es wird kühler«

»Und warum wird es kühler?«

»Weil es schattig wird«, antworten die Kinder. Ich sage, dass ich das nicht verstehe.

Die Kinder führen mehrere Erklärungen an:

»Weil unter dem Baum keine Sonne ist.«

»Weil die Blätter die Sonne nicht durchlassen.«

»Können wir dies prüfen?«

Die Kinder haben zu meiner Frage keine Vorschläge. Ich pflücke mehrere Blätter der Buche ab und teile diese aus. Die Kinder sollen nun ihr Blatt gegen das Sonnenlicht halten. Sie sind aufgeregt darüber, wie hell und doch sanft das Blatt leuchtet. Auf einigen Blättern sind gelbliche Flecken zu sehen. Wo kommen diese her? Bevor wir diese Frage weiterverfolgen, holen wir Blätter von drei anderen Bäumen, nämlich von Ahorn, Kastanie und Eberesche. Die Namen der Bäume sind den Kindern nicht bekannt. Wir halten auch diese gegen das Licht, und auch diese leuchten. Ich fordere die Kinder auf, genauer hinzusehen; dann würden sie wundersam leuchtende Muster entdecken. Dies sorgt für großes Staunen. Wir halten auch die Rückseite der Blätter gegen das Licht und entdecken Adern, die sich über das ganze Blatt verteilen. Aber auch zwischen den Adern sind filigrane Muster zu sehen, als hätte man sie gezeichnet. Die Kinder sind sich über die Funktion der Adern schnell einig. Sie hatten bisher nicht darüber nachgedacht, dass jedes Baumblatt mit Wasser versorgt wird. Denn die Adern sind wie Leitungen. Mit Verzweigungen und einer Hauptleitung, meinen die Kinder. Sie schauen die Adern auf ihrer Hand an und vergleichen diese mit den Adern des Blattes. Doch wie kommt das Wasser zu den Blättern? Nehmen die Blätter das Regenwasser auf oder versorgen die Wurzeln sie mit Wasser aus den Tiefen der Erde? Ich bitte die Kinder, etwas Geduld zu haben, denn auch dieser Frage werden wir gemeinsam nachgehen. Doch bevor wir dies tun, wollen wir Baumblätter sammeln, die ein Loch auf der Blattfläche besitzen. Wir finden solche Blätter und halten auch diese gegen das Sonnenlicht. Man kann nun genau sehen, wie das Licht aus dem Loch in das Auge fällt. Doch woher kommen diese Löcher? Es ist, als wäre ein winzig kleiner Teil des Blattes durchlöchert worden bzw. verschwunden. Auch der gelbe Fleck, den wir vorher gesehen hatten, sieht so aus, als wäre ein winziger Teil des Blattes »abgeleckt« worden, so formulieren es die Kinder. Ich greife nicht ein und korrigiere auch nichts. Hier sind die älteren Kinder schnell der Meinung, dass der fehlende Teil von einem Insekt weggefressen worden ist. Vielleicht ist auch der gelbe Fleck von einem Insekt verursacht worden. Wir reiben die Blätter sanft gegen unser Gesicht, um zu erfahren, wie sie sich anfühlen, kratzig oder weich und glatt? Die Blattoberflächen fühlen sich glatt an, einige sogar wie von Öl überzogen.

Wir gehen in den Gruppenraum zurück. Dort gibt es Lupen, und damit beobachten die Kinder die beiden Seiten der Blätter sorgfältig. Einige Kinder sind richtig aufgeregt darüber, wie das Innere der Blätter von Wasseradern gezeichnet ist. Die Wasserkanäle laufen bis zu den Rändern des Blattes; wir können jedoch nicht erkennen, ob ihr Ende verschlossen oder offen ist.

»Werden die mitgebrachten Blätter vergilben, wenn wir diese drinnen liegen lassen?«, frage ich. Die Antwort der Kinder lautet eindeutig »ja«. »Aber wieso denn? Verlieren sie das Wasser oder bekommen sie kein Wasser? Was meint ihr?« Die Kinder sind unsicher, ob die mitgebrachten Blätter wirklich Wasser enthalten und ob sie überhaupt Wasser abgeben können. Ich kündige an, dass wir erst einmal einige Versuche machen werden, um diese Frage vielleicht beantworten zu können.

Zweiter Tag
Ist in den Adern der Blätter Wasser vorhanden?
Ausgehend von dieser Fragestellung führen wir drei Versuche durch.

Versuch 1

Wir lassen Baumblätter einige Tage an der Luft und unter Wasser liegen. Die an der Luft vergilben im Gegensatz zu denen sich unter Wasser befindlichen in wenigen Tagen.

Versuch 2

Wir nehmen eine Topfpflanze und decken die Erde im Topf mit einer Folie sorgfältig ab. Danach wird auch die Pflanze mit einer Klarsichtfolie um den Stängel umhüllt. Die Kinder überzeugen sich, dass kein Wasser in die Folie gelangen kann und stellen die Pflanze ans Fenster. Am nächsten Tag kann man an den Wänden der Folie Tropfen erkennen.

Versuch 3

Wieso kann sich Wasser auf der Folie absetzen?

In zwei kleinen Glasbechern befindet sich Wasser. Eine Glasscheibe bedeckt das eine Wasserglas, das andere bleibt unbedeckt. Der Wasserstand in beiden wird mit einem Filzstift markiert. Die Gläser werden unter eine umgekehrte Salatschüssel gestellt. Die Kinder können beobachten, dass jeden Tag Wassertropfen auf der unteren Seite des Abdeckglases sitzen, bei dem offenen Glasbecher verringert sich der Wasserstand ebenfalls. Doch wo kommt das Wasser her?

Wohin geht das Wasser aus dem Glas ohne den Deckel. Es ist schwer für die Kinder sich vorzustellen, dass es so etwas wie Kondenswasser gibt, und die umgebende Luft das Wasser aufnehmen kann. Ich bin mir bewusst, dass die Kinder noch nicht in mikroskopischen Dimensionen denken können. Die Menschheit hat Jahrhunderte gebraucht, um Phänomene wie Verdunsten in einem Kontext von Ursache und Wirkung zu verstehen. Für die Kinder bleibt es unklar, wieso das Wasser unsichtbar und ohne es zu erhitzen weniger werden kann.

Ich erinnere sie daran, dass wir vor einigen Tagen Wassertropfen auf Blättern und Gräsern gesehen haben, ohne dass es geregnet hatte. Wo kamen sie her? Nur die älteren Kinder vermuten, dass sie aus der Luft gekommen sein könnten.

Ich erkläre nichts.

Dritter Tag
Kann Luft Wasser aufnehmen und abgeben?
Auch dazu gibt es einen Versuch.

Versuch 4

Die Kinder machen ihre Hände leicht nass und leiten Luft durch Wedeln mit einem Pappteller oder durch Pusten darüber. Das Wasser verschwindet. Dann setzen sie einen Wassertropfen auf den Tisch und wedeln mit den Papptellern. Der Wassertropfen verschwindet. Sie machen zwei kleine Baumwolltücher nass. Eins davon lassen sie im Zimmer und das zweite hängen sie draußen im Schatten auf. Das Tuch draußen wird schneller trocken als das Tuch im Zimmer. Im weiteren Gespräch stellt sich heraus, dass den Kindern nicht bewusst ist, dass im Raum überhaupt Luft vorhanden ist. Sie meinen, dass die Luft aus dem Mund und dem Pappteller gekommen sei. Wir reden auch darüber, dass die Wäsche an einer Leine selbst dann trocken wird, wenn keine Sonne scheint. Nachdem es geregnet hat, bleibt die Straße auch nicht nass. Einige Kinder meinen, es würde in die Erdschicht versickern. Und was macht das Regenwasser, das auf asphaltierte Straßen oder auf befestigte Gehwege fällt? Nur über vierjährige Kinder vermuten, dass es von der Sonne »weggemacht« wird, wenn sie nach dem Regen scheint. An Luft denken sie dabei nicht. Auch nicht, wenn ich frage, warum ein Handtuch oder ein Papiertuch die Hände trocknet. Das ist eben so, meinen sie. Frage ich, ob das Handtuch dabei selber nass wird, probieren die Kinder dies aus. Sie sehen zwar, dass das Tuch nass wird, aber auch dieser Weg hilft ihnen nicht zu erkennen, dass vielleicht die Luft ähnlich wie das Handtuch wirkt und dabei selber feucht wird. Doch ich merke bei diesem Vergleich, dass man die Feuchtigkeit der Luft nicht wirklich sinnlich wahrnehmen kann, also nicht in gleicher Weise wie bei einem nassen Handtuch aus Papier oder Baumwolle. Ich registriere auch, dass die Kinder und ich die gleichen Phänomene beobachten, unsere Deutungsmuster sich jedoch gewaltig unterscheiden. Offensichtlich müssen die Kinder noch mehr Erfahrungen machen, damit sie in Kategorien denken können, die für mich aufgrund meiner Erfahrung inzwischen logisch und selbstverständlich geworden sind.

Ich merke auch, dass ich zu voreilig mit den Experimenten vorangegangen bin. Denn Prozesse wie Kondensation oder Verdunsten können den Kindern noch nicht zugänglich sein. Die vorangestellten Experimente könnten sogar zu Fehlvorstellungen führen. Trenne ich ein Blatt von einer Pflanze, dann hört ihr Stoffwechsel (Photosynthese) auf, und das unter dem Wasser befindliche Blatt wird letztlich verfaulen. Es kann das Wasser erst einmal nicht verlieren, weil kein Konzentrationsgefälle besteht, denn das Blatt ist umgeben von Wasser selbst. Bei dem Blatt im Raum besteht solch ein Gefälle, und die Luft kann somit das Wasser von dem Blatt aufnehmen. Ich erinnere mich daran, dass mich schon einmal ein Grundschüler gefragt hat, weshalb die Schnittblumen in einer Vase verwelken, sie stünden doch im Wasser. Man muss immer sehr intensiv darüber nachdenken, warum und wozu man den Kindern ein Experiment überhaupt zeigen will und welche Gesetzmäßigkeiten dem Experiment innewohnen. Dann wird man auch erkennen können, ob Kinder mit ihrem Weltwissen die Aussage des Experiments überhaupt deuten können.

Vielleicht werden die Kinder über diese Phänomene, die sie noch nicht in aller Klarheit erfassen können, weiter nachdenken und irgendwann werden sie vielleicht auch Fragen stellen, doch sie sind noch nicht so weit. Jedenfalls sind sie über all die vorangegangenen Fragestellungen und Experimente sehr aufgeregt und gespannt darauf, was jetzt kommt.

Vierter Tag
Vom Blatt zum Baum und Strauch

Heute habe ich für jedes Kind insgesamt zehn Blätter mitgebracht, die zu verschiedenen Bäumen und Sträuchern gehören. Ich möchte, dass sie die Blätter nach Ähnlichkeit sortieren, also von jeder Pflanze zwei Blätter finden, die ähnlich sind. Sehr schnell finden die Kinder die Paare. Wir vergleichen die Blätter miteinander, versuchen die Form zu beschreiben. Die Kinder haben große Schwierigkeiten, entsprechende Bezeichnungen zu finden. Sie kommen aber immerhin auf Eigenschaftswörter wie zum Beispiel oval, rund, glatt, gelappt, gezackt. Nun gehen wir hinaus und suchen die zugehörigen Pflanzen. Es gibt immer einen Freudenschrei, wenn ein Kind einem Blatt die jeweilige Pflanze zuordnen kann. Wir gehen jetzt gemeinsam zu den drei Baumarten, die wir entdeckt haben. Es handelt sich um Esskastanie, Eiche und Rotbuche. Wir betrachten die Rinde und die Zweige der Bäume, die sich deutlich unterscheiden. Es gibt glatte, graue, graugrüne, silbergrüne, schwarzbraune, rissige Rinden und die Zweige können elastisch, hart, gebogen, grünbraun sein. Die Kinder sind erstaunt darüber, dass es bei einem einzigen Baum so viel zu entdecken und zu beschreiben gibt.

Fünfter Tag
Trinken die Blätter das Wasser?

Heute kehren wir zu der Frage zurück, wie die Bäume das Wasser zu sich nehmen, also über die Blätter oder über die Wurzeln. Ein Kind ist der Meinung, dass die Pflanzen das Wasser nur über die Wurzeln »trinken«.

»Wie meinst du das?«, frage ich. Antwort: »Du begießt die Pflanzen ja auch nicht über die Blätter.« Ich bin überrascht über diese Bemerkung. Wir überlegen nun gemeinsam, ob diese Annahme stimmen könnte. Wir stellen uns vor, wie die Natur nach einem heftigen Regen aussieht. »Die Blätter der Pflanzen werden nicht dicker, auch die Gräser sehen unverändert aus.«

Wir nehmen die Blätter mit in den Gruppenraum. Ich schlage vor, dass wir Wassertropfen auf die Blätter setzen, um zu sehen, ob sie allmählich doch von dem Blatt aufgenommen werden. Alle Kinder erhalten einen Becher mit Wasser. Tatsächlich können die Wassertropfen nicht in die Blätter eindringen. Einige Kinder befühlen auch die Rückseite der Blätter: Sie ist trocken geblieben.

Die Blätter werden genau untersucht.

Nun stellen wir uns die Frage, welche Stoffe Wasser trinken und welche nicht. Hierzu holen wir Papier, Alufolie, Baumwolle, Butterbrotpapier, ein Handtuch aus Baumwolle und ein kleines Tüchlein aus lederartigem Material und machen damit ein Experiment:

Welche Stoffe können Wasser trinken, welche nicht?

Jetzt ist den Kindern klar, dass ein Handtuch aus Baumwolle Wasser »trinken« kann, ein Lederlappen jedoch nicht. Es wird ihnen damit deutlicher, dass alle Pflanzen das Wasser über die Wurzeln aufnehmen. Sie sind fast sicher, dass die Pflanze das Wasser aus der Wurzel heraufziehen und überall in das Blattwerk verteilen kann. Sie fragen nicht danach, wie das Wasser bis in die Wipfel der großen Bäume hinaufsteigen kann.

Um einen Eindruck davon zu bekommen, wie lang der Weg des Wassers sein kann, wenn es über die Wurzeln zu den Zweigen und dann bis zur Krone hinaufsteigt, gehen wir mit einer Kordel zu einem Apfelbaum, befestigen sie dort, wo der Baumstamm aus der Erde herausragt, dann leiten wir sie weiter über den Stamm zum ersten Zweig bis zu den Blättern, die daran hängen. Dann binden wir die Kordel ab und legen sie auf den Boden. Die Kinder staunen, wie lang der Weg ist, selbst bei einem kleinen Baum wie dem Apfelbaum. Sie schätzen, wie lang sie sein müsste, wenn wir sie an einer Buche in ähnlicher Weise befestigt hätten. Zweimal, dreimal oder mehrfach so lang.

Bei dieser Übung fällt uns auch auf, dass der Apfelbaum einen Schatten wirft und suchen andere Bäume, die ebenfalls einen Schatten werfen. Von drei unterschiedlichen Bäumen messen wir die Länge der Schatten mit der Kordel. Wir können feststellen, dass hohe Bäume lange Schatten bilden. Ich schlage vor, dass wir den Schatten derselben Bäume nach einigen Stunden noch einmal messen sollten. Als wir dies tun, sind die Kinder erstaunt darüber, dass alle Schatten jetzt noch länger geworden sind. Sie fragen mich nicht, warum das so ist.

Sechster Tag

Können wir auch so nass werden wie unsere Kleider?

Auf dem Weg in den Kindergarten ist mir aufgefallen, dass es in der Nacht stark getaut hat. Deutlich sichtbar sitzen auf den Blättern der Pflanzen leuchtende Wasserperlen. Ich erzähle dies den Kindern, und wir beschließen, die Wasserperlen aufzusammeln. Jedes Kind erhält von mir ein kleines Plastikgefäß.

Die Kinder halten ihr Auffanggefäß an das Ende der Blätter. Wenn sie diese leicht antippen, dann rollen und kullern die Perlen ins Gefäß und vereinigen sich zu einer kleinen Lache. Besonders viel Freude haben sie bei Pflanzen, deren Blätter lang und etwas gebogen geformt sind, wie die Blätter einer Agave. Wir kehren dann in den Gruppenraum zurück. Dort habe ich mehrere Topfpflanzen bereitgestellt. Wir wollen nun im Raum einen »Perlenwald« gestalten. Hierzu taucht jedes Kind seinen Finger kurz in sein Gefäß und zieht ihn dann wieder heraus. Am Finger hängt in der Regel ein Tropfen. Dieser wird dann sanft auf ein Blatt gesetzt. Die Kinder bewundern den Perlenwald, der nun im Raum entsteht. Sie wedeln mit ihren Händen und ahmen damit einen Windstoß nach. Die Wassertropfen rollen und kullern dann nach unten. Einige Kinder pusten auf die Perlen und können diese somit nach unten oder nach oben befördern.

Nun setzen die Kinder die Wassertropfen auf ihre Haut, auf ihren Arm und staunen darüber, dass die Tropfen wie auf den Baumblättern auch auf der Haut sitzen bleiben und von ihr nicht getrunken werden. Sie setzen auch Wassertropfen auf ihre Kleidung, wo sie augenblicklich verschwinden. Wir reden darüber, ob die Haut der Pflanzenblätter ähnlich sei wie unsere Haut. Die Kinder befühlen die Blätter und erinnern sich an unsere Beobachtung, dass ihre Oberfläche sich ölig anfühlt. Wir nehmen ein Stück Papier und tragen eine feine Schicht von Öl auf. Danach setzen wir einige Wassertropfen darauf. Diese bleiben, im Gegensatz zu einem Papier ohne Öl, auf dem Papier sitzen. Ich habe auch Vogelgefieder mitgebracht. Auch die Federn trinken kein Wasser. Ein Kind sagt: »Sonst würden die Enten ertrinken.«

Was macht der Wassertropfen auf einem Blatt und auf meiner Haut?

Sechster Forscherdialog: Warum ist im Sandkasten Sand und keine Gartenerde?

Erster bis dritter Tag:
Die Kinder haben inzwischen einiges über das Wachstum der Pflanzen erfahren. Ihnen ist auch bewusst, dass Regenwasser in die Tiefen der Erde sickert. Sie haben zwar keine Vorstellung davon, dass es Grundwasser gibt, aber wir haben ja bereits festgestellt, dass die Wurzeln der Bäume das Wasser aus der Erde über den Baum verteilen. Ich zeige ein Bild von einem Baum in Afrika. Die Kinder sind fasziniert davon, dass ein Baum mit grüner Krone inmitten von »Sand und Steinen« – so sehen es die Kinder – steht. Im Gespräch stellt sich heraus, dass einige von ihnen der Meinung sind, dass es unter dem »Sand« Wasser gibt. Wie das Wasser dorthin gekommen ist, können sie sich jedoch nicht vorstellen.

Jetzt komme ich zu meinem Anliegen und stelle folgende Frage:

»Stellt euch vor, im Sandkasten wäre kein Sand, sondern Gartenerde. Wäre das gut?

Antwort der Kinder: »Da kann man dann nicht mehr buddeln.«

Ich frage, wie die Erde im Sandkasten nach einem kräftigen Regenguss aussieht. Alle wissen, dass sie dann nass ist. Einige sprechen von »Matschepampe«.

Ich frage, ob dies beim Sand nicht ähnlich ist. Die Kinder wissen, dass Sand schnell wieder trocken wird, Erde dagegen nicht.

Ich möchte wissen, was ist, wenn man sich in den nassen Sand setzt.

»Der Popo wird nass.«

Wie kann ein Baum in der Wüste wachsen?

Würde denn nasse Gartenerde besser an der Kleidung kleben als Sand?«, frage ich weiter.

Die Kinder sind unsicher. Wir unterhalten uns darüber, wie das am Meer ist. Einige Kinder waren schon dort und berichten über Sand, Dünen aus Sand und Muscheln, die man sammeln kann.

Ich möchte nun die Kinder dazu animieren, sich ein Experiment auszudenken, um zu prüfen, was länger nass bleibt, Sand oder Gartenerde.

»Wir könnten mal einen kleinen Versuch machen, um zu sehen, ob Sand genau so lange Wasser halten kann wie Gartenerde. Wollt ihr das?«, frage ich.

Die Kinder sind unsicher, vielleicht mit dieser Frage auch überfordert. Doch dann meint ein Kind, man könnte es ja mal mit Wasser und Sand versuchen. Ich zeige auf einen Eimer mit trockenem Sand und eine Kanne mit Wasser und frage die Kinder, wie sie nun fortfahren würden. Sie sind erst einmal ratlos. Schließlich sagt ein Mädchen: »Wir nehmen Erde und Sand und machen beide nass.« Jetzt kommt ein Gespräch zustande, das mich überrascht.

Als ich frage, was dann weiter passiert, antworten gleich zwei Kinder, dass man dann solange warten muss, bis Sand und Erde trocken sind. Intuitiv denken sie also an Zeitmessung, ohne dies ausdrücklich zu erwähnen. Ich helfe ein wenig weiter, indem ich frage, ob wir dazu eine Uhr bräuchten, und was wir in dem Fall mit der Uhr tun sollten. Mehrere Kinder sind der Meinung, dass man dann feststellen könnte, wie lange es dauert, bis Sand und Erde trocken sind.

Ich möchte erfahren, ob die Kinder die Bedingungen eines Experiments mit meiner Hilfe weitgehend selbständig herleiten können. Daher stelle ich ihnen nun die folgenden Geräte vor.

Versuchsanordnung: Der obere Teil der Flasche wird abgeschnitten und dient nun als Trichter. Der untere Teil dient als Auffanggefäß. In den Trichter werden Sand, Erde und Wasser eingefüllt.

»Was macht ihr nun damit?«, frage ich, und folgender Dialog entsteht.

Kind: Dann kommt das Wasser da rein (zeigt auf die Gefäße).

Ansari: Gut. Und der Sand?

Kind: Matschiger Sand passt da nicht durch.

Ansari: Nein. Wir nehmen keinen matschigen Sand. Wir nehmen trockenen Sand.

Vor den Kindern stehen nur zwei Auffanggefäße mit Trichter.

Ansari: Also gut. Wie machen wir das jetzt? Tun wir den Sand gleich hier rein?

Ich zeige auf die beiden Trichter, die wir durch das Abschneiden der Flasche gewonnen haben.

Kind: Und ein bisschen Wasser.

Ansari: Ja, ganz wichtig. Und hier?

Kinder: Erde und Wasser.

Ansari: Erde und Wasser. Hier Sand. Hier Erde.

Kind: Was ist denn der Unterschied?

Ansari: Das wollen wir ja gerade herausfinden. Nämlich, ob Sand länger nass bleibt als Erde.

Kind: Hm.

Ansari: Hierhin kommt die Gartenerde, dorthin der Sand. Gleich oder ungleich viel? Und Wasser? Wie viel Wasser geben wir rein? Gleich oder ungleich viel?

Kind: Gleich viel.

Ansari: Gleich viel. Warum nicht ungleich viel?

Einige Kinder haben verstanden, warum alles gleich sein muss. Sonst könne man ja nicht vergleichen. Dies hatte ich nicht erwartet und bin sehr überrascht.

Kinder: Ja.

Ansari: Nun kriegt ihr auch Wasser.

Nun möchten alle Kinder den Versuch durchführen. Ich lege einen Bausch Watte in die Trichter und erkläre den Kindern, dass ich das tue, damit kein Sand hinunterrieselt. Ein Mädchen füllt die Trichter mit Sand und Gartenerde.

Ansari: Zwei Löffel Sand, das reicht. Und zwei Löffel Erde. Was meint ihr, ist das jetzt gleich viel?

Die Kinder bejahen das.

Ansari: Und jetzt kommt ein Problem. Jetzt brauche ich auch noch gleich viel Wasser. Wie mache ich das?

Kind: Mit der Gießkanne.

Nun nehme ich einen Messbecher aus dem Schrank.

Ansari: Wie krieg ich gleich viel Wasser?

Kind: Mit dem Messbecher.

Ansari: Ja. Zeigt mir mal, wie man das macht.

Ein Kind gießt Wasser in den Messbecher. Ich stelle noch einen Messbecher zur Verfügung.

Ansari: Komm mal her mit deinem Wasser und füll gleich viel Wasser in beide Becher! Mal sehen, ob du das schaffst. Wollen wir viel Wasser draufkippen oder wenig?

Die Kinder beobachten, wie ein Junge das Wasser in die Messbecher gießt.

Ansari: Ist es jetzt gleich viel? Was meint ihr?

Kind: Noch mehr rein.

Für die Kinder ist es zunächst nicht einfach, gleich viel Wasser in die beiden Messbecher hineinzubekommen.

Ansari: Sollen wir das Wasser gleichzeitig auf Sand und Erde gießen oder ungleichzeitig?

Kind: Ungleichzeitig.

Ansari: Ungleichzeitig? Aber woher wissen wir dann, wo es länger drinbleibt?

Die Kinder denken über meinen Einwand nach.

Kind: Gleichzeitig. Es ist so wie bei dem Sand und der Erde, alles muss gleich sein.

Ansari: Gut. Wenn ich »jetzt« sage, dann gießt ihr das Wasser hinein. Jetzt schauen wir mal. Wo geht es schneller runter?

Die Kinder beobachten gespannt das Geschehen und stellen schließlich fest, dass der Sand das Wasser sehr viel schneller durchlässt.

Nun befördere ich einen Klecks mit nassem Sand und einen mit nasser Erde auf den Tisch und frage die Kinder, was wohl schneller trocken wird, der Sand oder die Erde. Die Kinder entscheiden sich für den Sand.

Die Kinder haben anhand dieses Versuchs die wichtige und notwendige Erfahrung gemacht, dass die Voraussetzung für die Durchführung eines Experiments die Bewusstwerdung der Bedingungen ist, die man vorher festlegen muss. Sind einem diese Bedingungen (Parameter) unklar, dann kann man das Ergebnis des Experiments nicht deuten. Experimente verlangen also Kontrolle, damit man die Frage, die man mit dem Experiment verbunden hatte, überhaupt beantworten und somit etwas Neues erfahren kann. Um diesen Gesichtspunkt zu vertiefen, werde ich mir zusammen mit den Kindern am nächsten Tag ein weiteres Experiment ausdenken.

Bei meinem nächsten Besuch bringe ich eine Kressepflanze mit. Sie ist schön grün und üppig gewachsen. Viele Kinder kennen Kresse nicht. Wir machen kleine Butterbrote, belegen sie mit der Kresse und machen eine Geschmacksprobe.

Die Kressseschnitten schmecken den Kindern. Ich habe auch Kressesamen, kleine Töpfe und Erde besorgt. Vielleicht könnten wir ja in einem kleinen Topf Kresse säen? Nun will jedes Kind einen Topf für sich haben und diesen der Mutter schenken, wenn die Kresse darin gut aufgegangen ist. Ich verspreche, dass wir auch dies machen werden. Doch vorher sollten wir probieren, ob die Kresse hier im Gruppenraum überhaupt gedeihen kann. »Also, wie gehen wir vor, was brauchen wir dafür, was meint ihr?«

Die Kinder sind der Meinung dass ich ja schon alles mitgebracht hätte, nur noch kein Wasser. »Und wo stellen wir die Kresse hin?« Die Kinder schlagen einen sonnigen Platz vor. Ich rege an zu probieren, ob die Kresse vielleicht auch in Sand oder im Schatten wachsen könnte. Die Kinder sind unsicher, ob Sand gut dafür sei.

Ein Kind erzählt, dass in den Dünen am Meer auch Pflanzen wüchsen. Wir beschließen, dies auszuprobieren. Wir nehmen also vier kleine Töpfe aus Plastik und stellen Wasser, Kressesamen, Sand und Erde daneben.

Ich bin erstaunt darüber, dass drei von zehn Kindern darauf bestehen, in jeden Topf gleich viel Erde bzw. Sand, auch abgezählte Kressesamen und gleich viel Wasser hineinzufüllen. Sie haben also etwas aus dem Versuch »Warum ist Sand und nicht Gartenerde im Sandkasten« mitgenommen und möchten diesen Versuch kontrolliert durchführen. Die anderen Kinder waren zwar nicht darauf gekommen, doch sie möchten den Versuch dann ebenfalls so durchgeführt sehen. Dies stelle ich fest, indem ich allen Kindern das Angebot mache, auch andere Vorschläge zu machen, zumal wir genug Samen und Töpfe hätten.

Als ich eine Woche später wieder in der Kita bin, berichten mir die Kinder aufgeregt über ihre Beobachtungen. Besonders erstaunt sind sie darüber, dass die Samen auch in einem dunklen Schrank aufgegangen waren. Sie hatte sogar noch längere, wenn auch gelbe Stiele. Ein Kind meint, die Kresse hätte sich auf der Suche nach Licht gestreckt. Die Kresse war auch im Sand gediehen, aber die Kinder mussten den Topf immer wieder bewässern, und die »Sandkresse« sah nicht so grün aus und schmeckte auch nicht so gut. Aus ihren Bemerkungen geht für mich klar hervor, dass sie alle Rahmenbedingungen des Experiments verstanden haben und daher auch die entsprechende Sprache finden, um die erhaltenen Ergebnisse zu interpretieren.

Siebter Forscherdialog: »Liebe Sonne scheine wieder!«

Seit einigen Tagen regnet es nahezu ununterbrochen. Die Kinder können nicht einmal hinaus auf den Spielplatz gehen. Ich habe mir überlegt, dass ich etwas mit den Kindern machen werde, wo der Regen eine Rolle spielt. Als Erstes hören wir uns den Regen an. Wir schweigen und lauschen. Wir hören eine Vielfalt von Geräuschen, die der Regen macht, wenn er auf verschiedene Gegenstände wie Holz, Metall, Glas oder auf den asphaltierten Vorplatz fällt. Die Kinder können diese Geräusche zunächst nicht in Sprache übersetzen, aber sie bemühen sich, sie akustisch nachzuahmen. Einige Wörter fallen uns dann aber doch ein, wie zum Beispiel plätschern, klatschen, tröpfeln, trommeln, klopfen. Wir gehen hinaus und nehmen verschiedene Materialien wie Metallteller, Porzellanteller, Plastikteller, Holzbretter, Glasschüsseln, Papier, Regenschirme, Regenmäntel mit. Unter dem Vordach stehend können wir die Gegenstände in den Regen halten und verschiedenartige Geräusche hören. Die Kinder scheinen damit gar nicht aufhören zu wollen. Die Gegenstände werden untereinander ausgetauscht. Manchmal wird nur ein Gegenstand in den Regen gehalten, manchmal zwei gleichzeitig. Während dieser recht lang andauernden Übung verhalten sich die Kinder immer völlig still, damit sie das jeweilige Geräusch genau hören können. Manche Geräusche regen sie zum Lachen an.

Nach dem Mittagessen lese ich den Kindern eine Geschichte aus »Puh der Bär« vor, in der der Satz vorkommt: »Ferkel ist völlig von Wasser umgeben«. In der Geschichte ist Ferkels Haus nämlich von Wassermassen umgeben, weil der Regen nicht aufhören will. Während das Wasser steigt, erinnert Ferkel sich an eine Geschichte von einem Mann auf einer Insel, der eine Flaschenpost ins Meer wirft. Also schreibt Ferkel einen Hilferuf auf, steckt ihn in eine Flasche und wirft sie aus dem Fenster. Puh findet Ferkels Botschaft und überbringt sie Christopher Robin. Um Ferkel zu retten, fahren dann beide in Puhs Boot, bestehend aus einem Regenschirm, hinaus. Ich zeigte den Kindern die Bilder aus dem Buch.

Die Bilder regen die Kinder an, die vorhandenen Regenschirme als Boote im Regen schwimmen zu lassen. Doch dies ist nicht möglich, weil der Regen nicht hoch genug steht. Ich schlage vor, dass wir vielleicht aus Knete Boote formen und diese dann schwimmen lassen könnten. Dieser Vorschlag versetzt die Kinder in helle Aufregung. Wir füllen die Wasserwannen auf, und jedes Kind bekommt Knete, um ein Boot zu bauen.

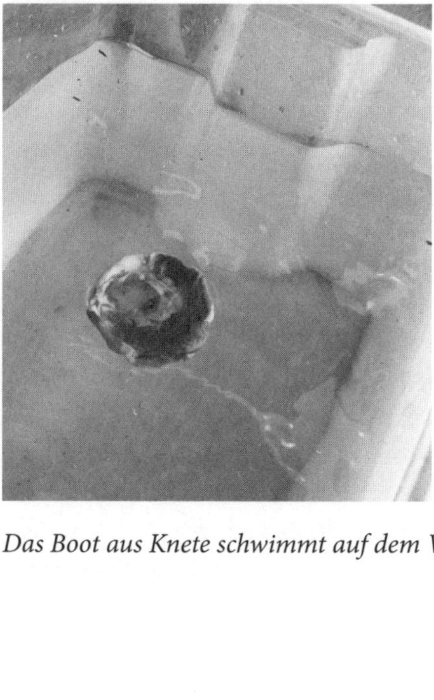

Das Boot aus Knete schwimmt auf dem Wasser.

Herbst

Erster Tag
Wohin sind die Vögel geflogen?

Es ist Oktober geworden. Die Natur leuchtet in herrlichen Farben, die Blätter beginnen zu fallen. An der Wand gegenüber der Kita hängen Schwalbennester. Noch vor wenigen Tagen konnte man die Vögel dort im Flug beobachten und ihre Rufe hören. Ich mache die Kinder darauf aufmerksam, dass die Nester jetzt leer sind. Dass die Schwalben auf einmal nicht mehr da waren, ist keinem Kind aufgefallen. Wir sprechen darüber, wohin diese flinken Vöglein entschwunden sind. Weit weg oder nicht so weit weg? Vielleicht dorthin, wo es warm ist? Die Kinder entscheiden sich dafür, dass die Schwalben in die Wärme geflogen sind, weil es ihnen hier im Winter zu kalt ist.

Wir sprechen nun über die Essgewohnheiten der Schwalben. Ich erzähle, dass diese Vogelart lange rastlos fliegen kann, ohne zu verhungern. Vielleicht finden die Schwalben ihre Nahrung in der Luft, vermuten einige Kinder. Ich frage, ob ihnen aufgefallen ist, dass jetzt immer weniger Fliegen und Insekten zu sehen sind. Auch dies ist den Kindern nicht aufgefallen. Wir beschließen, darauf zu achten. Ich erzähle, dass Schwalben sich hauptsächlich von Insekten ernähren, von denen sie Unmengen verzehren, und dass sie ihre Nahrung von Oktober bis März anderswo suchen müssen. Während des Gesprächs zeige ich einige Bilder von Schwalbenarten und ihre Nester. Einem Kind fällt nun doch ein, dass man im Winter nicht mehr gestochen wird. Die Kinder berichten nun weiter von lästigen Fliegen, die im Sommer in die Häuser kommen, und von Mücken, die besonders nach Sonnenuntergang stechen. Wir einigen uns darauf, dass die Schwalben dorthin geflogen sind, wo es warm ist. Doch können sie nicht abschätzen, wie weit sie fliegen müssen, bis sie es warm haben. Ich erzähle, dass Schwalben bis nach Afrika fliegen. Doch wie weit mag wohl Afrika sein? Sehr weit, sagen die Kinder. Ich merke, dass Kinder in diesem Alter keinen Begriff von Entfernungen haben. Doch gibt es Kinder, die davon erzählen, dass ihr Onkel oder andere Verwandte in anderen Ländern, wie Türkei oder Korea wohnen. Als ich frage, was nun weiter sei, die Türkei oder Korea, wissen sie das nicht. Ich habe ein Gedicht mitgebracht und lese es den Kindern vor:

Die Schwalben

Die Schwalben halten zwitschernd
hoch auf dem Turme Rat;
die Ält'ste spricht bedenklich:
»Der Herbst hat sich genaht.«

Schon färben sich die Blätter,
die Felder werden leer;
bald tanzt kein einzig Mücklein
im Strahl der Sonne mehr.

»Seid ihr zur Reise fertig?«
Die Alten zwitschern: »Ja!«
Die Jungen fragen lustig:
»Wohin?« – »Nach Afrika!«

Nun schwirrt es durch die Lüfte,
verlassen ist das Nest;
doch alle hält die Liebe
an ihrer Heimat fest.

Wohl ist's viel hundert Meilen
von hier bis Afrika;
doch, kommt der Sommer wieder,
sind auch die Schwalben da.
Julius Sturm (1816–1886)

Den Kindern gefällt das Gedicht, und ich trage es noch einmal vor. Jedem Kind gebe ich eine Kopie, und alle möchten ihren Namen darauf schreiben. Ich frage, ob sie auf der Rückseite des Blattes etwas zum Gedicht malen möchten. Das wollen nun alle. Ich erzähle ihnen, dass ich das Gedicht auswendig vorsagen kann, und tue dies auch. Vielleicht möchte jemand auch einen kleinen Teil des Gedichtes auswendig lernen. Fast alle Kinder möchten das. »Dazu werdet ihr die Hilfe der Eltern brauchen, vielleicht könnt ihr mit ihnen gemeinsam üben.«

Wir betrachten die Schwalbennester an der steilen Wand gegenüber. Es ist erkennbar, dass das Nest aus einem Material gebaut ist, das grau und »krümelig« aussieht. Ich berichte, dass das Nest aus lehmiger Erde zusammengesetzt ist. Da Schwalben auch in den Städten Lehm finden, bauen sie selbst in stark bewohnten Gegenden. Wir beschließen, später einmal ein Schwalbennest nachzubauen.

Wir sprechen nun auch über den Apfelbaum, der, beladen mit rotglänzenden Äpfeln, im Hof steht. Wenn man die Früchte nicht bald erntet, wird er sie abwerfen. Auch Birnbaum und Zwetschgenbaum werden ihre süße Last verschenken. Man wird sie bald in den Supermärkten kaufen können. Schon sind Wespen da, um an allen Süßigkeiten der Natur teilzuhaben. Die Getreidefelder sind abgeerntet, und der Nussbaum wirft seine Nüsse ab, die die Böschungen herabrollen. Wir werden sie sammeln gehen. In den Weinbergen sind die Trauben reif geworden: bald beginnt die Weinlese.

Alles, was Früchte und Blätter trägt, wird allmählich nackt dastehen. Hamster, Feldmäuse und Eichhörnchen legen in ihren Behausungen den Vorrat für den langen Winter an.

Dass jedoch nicht alles Obst in den Supermärkten aus deutschem Anbau, sondern auch aus fernen Ländern kommt, ist den Kindern neu. Kein Kind kann eine Obstsorte mit einer Jahreszeit in Verbindung bringen. Ich erinnere sie daran, dass es bei Frühlingsbeginn Buden gab, die Erdbeeren und Spargel verkauften. Wo sind die jetzt?

Inzwischen sind mehrere Tage vergangen, und ich bin wieder auf dem Weg zum Kindergarten. Überall auf dem Weg liegen abgefallene Blätter. Ich überlege mir, ob ich über die Phänomene, die für das »Schlafengehen« der Bäume verantwortlich sind, sprechen kann. Zunächst fällt mir dazu nichts ein. Ich weiß natürlich, dass die Photosynthese, und somit die Nahrung der Pflanzen, bis zum Frühling ruhen. Aber ich sehe keine Möglichkeit, den Kindern dies verständlich zu machen. Hinzu kommt, dass nicht alle Bäume »schlafen gehen«.

Ich entscheide mich schließlich dafür, ihnen die Geschichte von Nils Holgersson in Kurzform zu erzählen. Die Kinder sind von den Illustrationen und von der Geschichte fasziniert. Sie können sich nur zu gut vorstellen, auf dem Rücken einer Wildgans sitzend, über das Land zu fliegen.

Wir sprechen über einige Tierarten, die entweder in fernen Ländern überwintern oder Winterschlaf halten. Ich zeige Bilder von Weißstorch, Schwarzstorch, von Gänsen, Singschwalben und Kranichen. Besonders aufregend finden die Kinder die verschiedenen Storcharten und die Größe der Nester, die die Störche bauen.

Sie können sich schwer vorstellen, dass einige Zugvögel so hoch fliegen können wie Flugzeuge. Rätselhaft bleibt auch, wie es ihnen gelingt, bis nach Afrika zu fliegen und immer wieder zu ihren Brutplätzen hier in Deutschland zurückzufinden. Aus einem Zeitungsbericht, den ich ihnen vorlese, erfahren wir, dass die Nester der Schwarzstörche in Hessen zuweilen so schwer werden, dass sogar Bäume die Last nicht mehr tragen können und umkippen. Ich schlage vor, dass ich mit der Hilfe von NABU (Naturschutzbund Deutschland e. V.) in Erfahrung bringen werde, ob wir irgendwo in unserer Nähe Störche sehen können. Dorthin werden wir einen Ausflug machen.

An einem anderen Tag bringe ich gefärbte Baumblätter und Trauben mit. Die Trauben verteilen wir auf Aluminiumteller und stellen sie in die Sonne, wo sie trocknen können.

Danach bekommen die Kinder die drei Grundfarben und sollen diese so zusammenmischen, dass die gleichen Farben wie die der Blätter zum Vorschein kommen. Mehrere Kinder gehen gezielt vor, während andere einfach Freude am Malen und Mischen der Farben haben.

Ich möchte den Kindern den Aspekt der Stoffumwandlung noch näherbringen. Sie sehen, wie sich die Natur von Tag zu Tag verändert. Die Veränderung der Blätter ist allgegenwärtig. Sie erleben auch, dass die Farben des abgefallenen Laubs schnell verblassen. Wir stellen uns nun die Frage, wohin diese Massen von abgefallenen Blättern eigentlich verschwinden.

Vielleicht werden sie von der Erde aufgenommen? Ich schlage vor, dass wir eine kleine abgetrennte Fläche im Schulgarten auswählen, dort zwanzig abgefallene Blätter auslegen und die gesamte Fläche dann mit einem engmaschigen Netz sichern, damit die Blätter nicht wegfliegen können. Im Garten finden wir eine für unser Vorhaben geeignete Stelle. Die Kinder können alles selbständig erledigen und von nun an jeden Tag die angelegte Stelle besuchen und prüfen, ob die Blätter weniger geworden sind. Bereits nach einigen Tagen können wir beobachten, dass das der Fall ist. Aufregend finden sie auch, dass einige Blätter nur noch teilweise aus der Erde herausragen, als wären sie hineingezogen worden. Wir vermuten, dass dies vielleicht Würmer getan haben. Nun untersuchen wir die Schicht darunter und finden darin halbgefressene Blätter. Werden aber alle abgefallenen Blätter alleine von den Würmern aufgefressen? Um diese Frage zu untersuchen, entwickeln wir gemeinsam einen weiteren Versuch. Wir nehmen einen Blumentopf, verschließen die Öffnung im Boden mit einem Gummistopfen und füllen den Topf mit Erde und sehr vielen Herbstblättern. Den oberen Teil des Topfes bedecken wir mit einem Netz aus Kunstfasern, damit keine Würmer in den Topf hineingelangen können. Dann begraben wir den Topf in der Erde und markieren die Stelle mit einem Stock.

Als wir den Topf nach zwei Monaten wieder ausgraben und die darin befindliche Erde untersuchen, sind sehr viele Blätter verschwunden. Sie sind selber zu Erde, zu Humus, geworden. Diejenigen Blätter, die übrig geblieben sind, sind leicht zerbrechlich, weisen Löcher und Brüche auf, als wären sie von kleinen Lebewesen angeknabbert worden.

Als ich wieder in derselben Kita bin, bringe ich Lehmerde mit. Mit der nassen Erde können wir zwar die Form von einem Schwalbennest nachahmen, jedoch zerfallen die so gebauten Nester, sobald die Erde wieder trocken ist. Es bleibt uns ein Rätsel, wie es den Schwalben gelingt, die Erdkrümel so fest zusammenzukitten, dass diese nicht auseinanderfallen. Wir vermuten, dass sie eine geheimnisvolle Klebmasse dazu benutzen. Ich schlage vor, dass wir stattdessen aus der lehmigen Erde schöne Formen herstellen sollten.

Die Kinder erhalten nun Schalen und diverse Backformen. Den Boden dieser Formen belegen wir mit Gras und Blättern. Darauf setzen wir die »Backmasse«, die wir aus Sand, Lehm und Wasser mit den Händen gemischt haben. Diese »Kuchen« dekorieren wir mit bunten Blättern und kleinen

Steinen. Zum Backen stellen wir einige Formen an die Sonne, die anderen in den Ofen, wo wir sie bei sechzig bis siebzig Grad backen. Sobald die Oberfläche fest geworden ist, ist der Kuchen fertig. Die Kinder können nun die unterschiedlichen Kuchen miteinander vergleichen.

Ich überlege mir, wie ich diese Erfahrungen über die Stoffumwandlungen fortsetzen und vertiefen könnte. In den nächsten Tagen lasse ich die Kinder folgende Untersuchungen durchführen:

Sie bekommen ungeschältes Getreide (Reis, Mais, Hafer, Weizen, Roggen, Hirse, Buchweizen). Sie können diese untersuchen und auch schmecken. Dazu kauen sie die verschiedenen Körner so lange, bis sie weich geworden sind, und berichten dann über ihre Erfahrungen. Nun wird überlegt, wie wir die Körner schmackhafter machen könnten. Sollte man sie von ihren Schalen befreien und versuchen, Mehl zu gewinnen? Hierzu haben die Kinder gute Ideen. Ich habe Holzschalen, runde Hölzer, Mörser und Siebe bereitgestellt, damit die Kinder das Korn mahlen können. Es liegt auch ein großer, flacher Stein bereit, auf dem sie die Körner verteilen und sie mit Hilfe eines anderen Steins zermahlen können. Dann überlegen wir uns, wie wir das Mehl von den übrig gebliebenen Körnern trennen könnten. Aus dem gewonnenen Mehl backen wir kleine Kuchen. Dabei gehen wir wie folgt vor:

- Mehl vermischt mit Wasser, Salz und Hefe
- ohne Hefe
- geknetet oder nicht geknetet.

Zum Brotbacken verwenden die Kinder Tonblumentöpfe, Campingkocher, Alufolie und ein Gestell für den Blumentopf.

Auch Popcorn wollen wir selber machen. Hierzu erhitzen wir Sand in einer großen Metallschale und vermischen dann die Maiskörner damit. Anschließend wird der Sand abgetrennt. All dies ist zuerst mit den Kindern abgesprochen worden.

Mit Hilfe solcher Tätigkeiten können die Kinder ihr erworbenes Wissen anwenden, Theorien bilden und Phantasien zur technischen Vorgehensweise entwickeln. Dabei erfahren sie immer wieder, wie Stoffe sich durch bestimmte Prozesse vollständig verändern können. Weitergehende Fragen stellen die Kinder nicht. Sie fragen zum Beispiel nicht, wie sich das Mehl durch Wasser, Salz und Hefe so vollständig verändern kann. Sie brauchen wahrscheinlich noch mehr Erfahrungen, um auf solche Fragen zu kommen.

Neunter Forscherdialog: Kann Schnee warm werden?
Winter

Erster Tag

Haben Vögel eine Heizung?

Seit zwei Tagen schneit es immer wieder. Der Schnee liegt auf Wegen und Wiesen. Die Zweige der immergrünen Bäume biegen sich unter der Last des Schnees. Bereits gestern habe ich mir überlegt, welche Aspekte dieser Jahreszeit ich mit den Kindern besprechen könnte. Aus Erfahrung weiß ich, dass Kinder sich nicht vorstellen können, dass Schnee oder Eis warm werden können, denn sie erleben Schnee bzw. Eis als kühlend. Auch das Phänomen des Wärmetransports ist den Kindern nicht bewusst. Dass Eis und Schnee durch die Aufnahme von Wärme schmelzen, können sie sich nicht vorstellen. Ich werde zuerst den Aspekt »Warm und Kalt« besprechen. Hierzu habe ich ein Gedicht von Christian Morgenstern ausgewählt, zu dem ich einige Fragen stellen werde. Denn ich bin gespannt, ob die Kinder mir erklären können, warum die drei Spatzen dicht an dicht zusammenrücken, und warum der freche Hans, der zwischen den beiden sitzt, es am wärmsten hat. Ich möchte gerne wissen, ob Kinder ein Konzept von Körperwärme haben.

Die drei Spatzen

In einem leeren Haselstrauch,
da sitzen drei Spatzen, Bauch an Bauch.
Der Erich rechts und links der Franz
und mittendrin der freche Hans.
Sie haben die Augen zu, ganz zu,
und obendrüber, da schneit es, hu!

Sie rücken zusammen dicht an dicht,
so warm wie Hans hat's niemand nicht.
Sie hör'n alle drei ihrer Herzlein Gepoch.
Und wenn sie nicht weg sind, so sitzen sie noch.
Christian Morgenstern (1871–1914)

Ich erzähle den Kindern, dass ich ein Gedicht mitgebracht habe und es ihnen vortragen möchte. Wir setzen uns im Kreis zusammen, und ich lese es zweimal vor. Die Kinder finden das Gedicht lustig und erzählen mir von Spatzen, die aufgeplustert im Schnee sitzen. Einige Kinder meinen auch, dass die Spatzen frieren. Ich frage nun, weshalb die drei Spatzen zusammenrücken und woher es käme, dass der freche Hans es am wärmsten hat. Die Kinder meinen lediglich, dass die Spatzen dann nicht so doll frieren und Hans von beiden beschützt werde. Ich schlage vor, dass wir es den drei Spatzen nachmachen. Wir gehen also hinaus und verteilen uns zunächst so, dass wir weit auseinander stehen. Wir spüren deutlich die Kälte. Dann rücken wir eng zusammen. Das Kältegefühl wird bald weniger. Danach nehmen wir zwei Kinder in die Mitte unseres Kreises und rücken an diese so nah heran, wie es irgend geht. Dies wiederholen wir mit allen Kindern. Im Gespräch stellt sich heraus, dass alle Kinder es am wärmsten hatten, als sie eng umringt von anderen waren. Die Kinder meinen, dass die warmen Kleider, die sie draußen anhatten, dafür verantwortlich seien. »Wenn man in der Mitte steht, dann wärmen einen auch die Kleider von den anderen.« Ich finde ihre Hypothese interessant und rege an, darüber nachzudenken, wie wir dies überprüfen könnten.

»Haben die Winterkleider eine Heizung?«, frage ich. Um dies zu prüfen, holen wir die Mäntel in den Gruppenraum und befühlen deren Innenseite. Die Kinder sind erstaunt darüber, dass die Mäntel sich nicht warm anfühlen. Ich schlage vor, dass wir mit einer Hand unseren Bauch befühlen und mit der anderen Hand die Innenseite des Mantels. »Ohne den eigenen Körper wird der Mantel nicht warm«, bemerkt ein Kind. Wir sprechen über die Beschaffenheit von Sommer- und Winterkleidung. »Niemand zieht im Sommer einen Pullover an.« Ich erzähle den Kindern, dass ich meinen Wintermantel zuknöpfe, wenn ich draußen bin und ein eisiger Wind weht. Warum wohl? »Damit die Kälte nicht reinkommt«, sagen die Kinder. »Und was könnte die Kälte tun?«, frage ich. »Sie würde den Körper kühlen!« Im weiteren Gespräch stellt sich deutlich heraus, dass alle Kinder genau verstanden haben, dass nicht der Mantel wärmt, sondern der Körper. Auch ist deutlich geworden, dass ein Pullover die Körperwärme besser festhalten kann als ein Baumwollhemd.

Ich möchte den Aspekt der Körperwärme vertiefen. Wir holen einen Eimer Schnee und formen möglichst gleich große Kugeln daraus. Nun überprüfen wir, ob die Schneekugeln auf der Heizung oder in der Hand schneller schmelzen. Die Kinder sind erstaunt darüber, dass die Kugel in der Hand schneller schmilzt. Dennoch können sie die Frage, was nun wärmer sei, die Hand oder die Heizung, nicht beantworten.

Wir messen nun die Temperatur von beiden, also die von der Heizung und die von unserem Körper. Die Heizung zeigt 23 °C, der Körper hat eine Temperatur zwischen 30–37 °C. Die Kinder sind auch erstaunt darüber, dass alle fast die gleiche Körpertemperatur haben. Wir stellen ein Glas mit Schnee nach draußen und ein anderes in den Raum. Der Schnee im Glas draußen schmilzt gar nicht, der im Raum nach einigen Minuten. Wir füllen Gläser mit kaltem und warmem Wasser und fügen Schnee hinzu. Die Kinder stellen fest, dass Wärme die Kälte »wegmachen« kann. Implizit wissen sie auch, dass bestimmte Stoffe Wärme besser festhalten als andere. Allerdings können sie sich immer noch nicht vorstellen, dass der Schnee warm wird, wenn er in der Hand schmilzt, obwohl sie deutlich merken, wie die Handfläche dort kalt wird, wo die Schneekugel liegt. Vielleicht brauchen die Kinder noch mehr Erfahrungen, um diesen Zusammenhang zu begreifen.

Wir sprechen nun darüber, ob auch Tiere Winterkleider brauchen. Den Kindern fällt viel dazu ein. Sie berichten über ihre Katze, die sich ein dickes Fell zulegt, wenn der Winter kommt. Sie erinnern sich an Eisbären mit einem dicken weißen Pelz oder auch an Füchse und Dachse. Ein Kind fragt mich, weshalb die Rehe kein so dickes Fell haben, sie müssten doch im Winter frieren. Ich sage, dass wir das Kleid der Rehe einmal genau ansehen sollten. Sie haben nämlich auch ein Sommerkleid und ein Winterkleid aus längeren und dichteren Haaren. Ich denke darüber nach, wohin ich mit den Kindern gehen könnte, um Rehe von nahem zu beobachten.

Zweiter Tag

Der Tannenbaum grünt auch im Winter, wenn es schneit.

Die Tanne im Kindergartengelände ist voll mit Schnee beladen, während die anderen Bäume nackt dastehen. Auf den dicken, blätterlosen Ästen sitzt nur wenig Schnee. Wir vergleichen die Tanne mit einer daneben stehenden Buche. Erstaunlich schnell erkennen die Kinder, dass ihre Äste sich unter der Last des Schnees biegen. Die Buche hat unelastische Äste, auf denen sich nur wenig Schnee absetzen kann. Erst überlegen wir uns, ob der Schnee, der auf der Tanne sitzt, leicht oder schwer ist. Wir füllen einen Eimer mit Schnee, indem wir einen Zweig der Tanne abschütteln. Der Eimer mit Schnee wiegt so schwer, dass die Kinder ihn kaum heben können. Wir überlegen uns, was geschehen würde, wenn auch die Buche im Winter ihr Laub behalten würde. Antworten der Kinder:

»Der Schnee würde auf den Blättern sitzen.«

»Die Äste würden sich biegen.«

Ein Kind meint, dass sie vielleicht brechen könnten, wenn Schnee auf die Blätter fallen und dort liegen bleiben würde. Wir vermuten nun, dass dies der Grund sein könnte, weshalb die Buche ihre Blätter abwirft, bevor der Winter kommt. Ich berichte, dass ich einmal selbst erlebt habe, wie es mitten im Frühling geschneit hat. Sogar große Bäume sind damals unter der Last des Schnees umgestürzt.

Den Eimer, randvoll mit Schnee, tragen wir in den Gruppenraum und wiegen ihn. Die Kinder sind der Meinung, dass Schnee schwerer wiegt als Wasser. Das wollen wir prüfen. Als der Schnee vollständig geschmolzen ist, sind sie erstaunt darüber, dass das Gewicht unverändert geblieben ist, obwohl das Wasser jetzt nicht mehr bis zum Eimerrand steht. Wir wiederholen den Versuch mit Eiswürfeln. Auch hier bleibt das Gewicht unverändert und der Wasserspiegel ist ebenfalls geringer. Wir füllen eine Glasflasche bis oben hin mit Wasser, verschließen diese fest und begraben sie im Schnee. Als wir die Flasche am nächsten Tag ausgraben, ist sie teilweise zerbrochen. Die Kinder sind sehr aufgeregt über all diese Befunde. Auf den Vorschlag eines Kindes füllen wir eine Glasflasche vollständig mit Schnee und begraben sie draußen unter dem Schnee. Als wir sie am nächsten Tag wieder ausgraben, ist sie heil geblieben, und der Schnee darin hat sich nicht verändert. Langsam erkennen die Kinder, dass Eis und Schnee sich unterscheiden, jedoch beide in Wasser übergehen, wenn sie schmelzen. Einige Kinder meinen, dass Eis mehr Platz braucht als Schnee und Wasser. Ich frage, ob das Eis deshalb die Flasche gesprengt hat. Die Kinder sind sich nicht sicher. Sie meinen, auch die Kälte könnte die Flasche gesprengt haben.

Ich bin zufrieden. Wir haben viele anregende Bemerkungen, Vorschläge und Überlegungen gehört. Die Kinder konnten über viele neue Bilder nachdenken.

Sie haben neue Erkenntnisse über Wärmeaustausch und Stoffeigenschaften gewonnen.

Siebtes Kapitel
Wechsel von naiven Vorstellungen zu neuen Erkenntnissen

Eben weil früh eingezogene Irrtümer meistens unauslöschlich sind und die Urteilskraft am spätesten zur Reife kommt, soll man die Kinder, bis zum sechszehnten Jahre, von Lehren, worin großer Irrtümer syen können, frei halten.
Arthur Schopenhauer

Erwerb übertragbarer Kompetenzen

Wenn wir uns die Geschichte der Naturwissenschaften vergegenwärtigen, fallen uns spontan mehrere Namen von herausragenden Wissenschaftlern ein, die in besonderer Weise unser Wissen über die Naturgesetzlichkeiten, die sich der unmittelbaren Anschauung entziehen, mitgeprägt haben. Stellvertretend für viele nenne ich hier zwei Namen: Benjamin Franklin und Joseph Priestley.

Über Benjamin Franklin heißt es, dass seine Beobachtungen, seine ausdauernden Wahrnehmungen der Naturphänomene stets in mannigfaltigen Fragen mündeten und er unermüdlich nach Antworten auf eben diese Fragen suchte. Ähnliches können wir auch über Joseph Priestley lesen. In ihrem Bemühen also, Antworten auf Fragen zu suchen, die ihnen die Natur anbot, waren beide im genauesten Sinne des Wortes *Naturwissenschaftler* von hohem Rang. Während Benjamin Franklin bahnbrechende Zusammenhänge im Bereich der Elektrizitätslehre freilegte, gelang es Priestley, bis dahin unbekannte Gase wie zum Beispiel Sauerstoff, Kohlendioxid oder Ammoniak zu entdecken und herzustellen. Es ist sicher nicht übertrieben, wenn man Priestley mit Attributen wie »Vater der Chemie« würdigt.

Auch in einer anderen Hinsicht, die uns in Erstaunen versetzt, sind die beiden Naturwissenschaftler miteinander vergleichbar: Weder Benjamin Franklin noch Joseph Priestley hatten Naturwissenschaften an einer Universität studiert. Wie können wir diese verblüffende Tatsache verstehen? Die einfachste Erklärung wäre, dass wir uns die geläufige Definition »Genie« aneigneten, eine Art Übermensch, dem einfach alles in den Schoß fällt, weil die Götter ihn lieben. Wir wissen, dass dies in den Bereich der Klischeebildung gehört.

Ein anderer, wenn auch ketzerischer Erklärungsversuch könnte lauten: Gerade weil die akademische Bildung ihnen den unbefangenen Blick auf die Naturphänomene *nicht* verdunkelt hatte, konnten Priestley und Franklin von einer Entdeckung zur anderen fortschreiten. Aber auch diese Deutung ist mit spekulativen Interpretationsmustern behaftet.

Hier kommen wir nur weiter, wenn wir mit Hilfe der uns überlieferten biographischen Aufzeichnungen danach suchen, welche geistigen und emotionalen Eigenschaften für beide Forscher als charakteristisch zu bezeichnen wären. Zu nennen wären in diesem Zusammenhang unter vielen anderen: Beobachtungsgabe, differenzierte Kommunikations- und Abstraktionsfähigkeit, ausgeprägtes Interpretationsbedürfnis, gezielte Organisation des erworbenen Wissens, eine Symbiose von Wahrnehmung und Faszination, ungebremste Freude am Experimentieren. Solche Fähigkeiten fallen jedoch nicht vom Himmel, sondern müssen erst erworben und entfaltet werden. Bevor Benjamin Franklin und Joseph Priestley zu den Naturwissenschaften kamen, hatten sie bereits in anderen Bereichen wie Religion, Philosophie, Verlagswesen und Musik nicht nur solide Kenntnisse erworben, sondern ihr Wissen zu Erkenntnissen verarbeitet, die dann in viel beachteten, den wissenschaftlichen Kriterien entsprechenden Schriften ihren Ausdruck gefunden haben. Beiden wäre eine qualifizierte Auseinandersetzung mit den oben erwähnten Wissenschaftsbereichen nicht ohne den Erwerb von Denkstrukturen und Arbeitsformen gelungen, die bei allen Prozessen der Gewinnung und Vermehrung von Wissen eine herausragende Rolle spielen. Offensichtlich gibt es übergeordnete, über die fachspezifischen Grenzen hinausgehende Qualifikationen, die befähigen, universell an Prozessen der Erkenntnisgewinnung erfolgreich mitzuarbeiten.

Wenn dies wirklich zutrifft – und wir haben Kenntnis von empirischen Untersuchungen, die dies nachdrücklich bekräftigen – dann müssen wir uns überlegen, wie wir im Rahmen der Schule diese übertragbaren, nicht durch fachspezifische Grenzen eingeschränkten Qualifikationen am Beispiel verschiedener Themen realisieren und somit universell anwendbare Kompetenzen fördern können. Nachfolgend versuche ich dies näher zu erläutern.

Bildung von eigenständigen Konzepten

Die Überwindung von naiven Vorstellungen gelingt erst durch eine selbständige Konstruktion von Konzepten und deren Anwendung auf neue Problemstellungen, um bisher unbekannte Zusammenhänge zu entdecken. In diesem Kapitel wird von einem Kurs berichtet, der gerade diesen Aspekt beleuchtet. Um neue Erkenntnisse zu gewinnen, muss man erst in die Lage versetzt werden, die bisher manifesten Vorstellungen über einen bestimmten Sachverhalt zu revidieren. Dies ist oft nicht einfach. Denn es gibt Vorstellungen, die den Zugang zur Wahrheit erschweren. Zum Beispiel war Priestley von der vorherrschenden Phlogistontheorie, ein Erklärungskonzept für den chemischen Prozess der Verbrennung, vollkommen überzeugt. Als beim Erhitzen von einem Mineral Sauerstoff aus dem Erz frei wurde, konnte er diesen nicht als für die Verbrennungsvorgänge maßgeblich deuten. Denn bisher hatten die Wissenschaften den Sauerstoff nicht entdeckt und Priestley konnte nicht erkennen, dass das aus seinem Experiment entstandene Gas tatsächlich Sauerstoff war, der die Verbrennungsvorgänge fördert und nicht Phlogiston.

Kinder haben über viele Naturphänomene naive Vorstellungen. Ein zentrales Anliegen meiner Arbeit mit Kindern besteht darin, dass ich für sie Erfahrungsmöglichkeiten biete, die ihnen helfen könnten, handelnd ihre naiven Vorstellungen über Naturgesetze selbständig zu korrigieren.

Selbständige Vernetzung von erworbenem Wissen

Neben diesem Faktum begegnet uns oft das Problem, dass wir im Rahmen der Schule oder Universität wissenschaftliche Probleme lösen lernen und dennoch nicht in der Lage sind, eben dieses Wissen zur Erklärung von Alltagsphänomenen heranzuziehen.

Bestimmte Alltagserfahrungen unterstützen sogar das

Fortbestehen von naiven Vorstellungen. So wissen wir zum Beispiel durch Filmaufnahmen aus dem All, wie die Gestalt der Erde wirklich aussieht. Anderseits wissen wir aber auch, dass wir nur auf einer festen und ebenen Grundlage stabil stehen können. Diese Erfahrung erweist sich als hinderlich, die runde Geometrie der Erde wirklich auch emotional zu verinnerlichen. Hier gibt es also zwei Erfahrungen, die miteinander nicht vereinbar sind. Ähnliches gilt, wenn wir von der aufgehenden und untergehenden Sonne sprechen. Auch für die zahlreichen Verbrennungsprozesse trifft dies zu. Unsere Alltagserfahrung legt uns nahe, dass bei allen Verbrennungen, Vergärungen, bei diversen Zerfallsvorgängen und Fäulnisprozessen die Masse verschwindet. Andererseits lehrt uns die Schulweisheit, dass genau das Gegenteil der Fall ist: Nicht nur die Anzahl von Teilchen, sondern auch die Masse der scheinbar entschwundenen Materie nimmt unweigerlich zu.

Es fällt schwer sich vorzustellen, dass die Biomasse in einen Kreislaufprozess integriert ist. Wenn wir darüber nachdenken, was mit den Herbstblättern geschieht, stellen wir uns die Bildung von Humus als die Endstufe eines Fäulnisvorganges vor. Es wird allgemein geglaubt, dass neue Erde zu der bereits vorhandenen hinzukommt. Die schulischen Kenntnisse über den Satz von der Erhaltung der Masse erschüttern diese Überzeugung keineswegs.

Jugendliche und auch viele Erwachsene können sich nicht vorstellen, dass getankte Benzinmasse tatsächlich vollständig umgewandelt wird. Für die Luftverschmutzung machen sie diverse »Abgase« verantwortlich, die beim Autofahren zwangsläufig frei werden. In all diesen Fällen sind Alltagserfahrungen nicht vereinbar mit dem Wissen, das wir vermittelt bekommen. Die Verkohlungsphänomene verschiedener Stoffe verleiten uns nicht spontan zu der Vermutung, dass die Bausteine der Biomasse Kohlenstoff enthalten könnten.

Im Prozess des Erlebens der äußeren Wirklichkeit nehmen wir beiläufig auch Bilder auf, die auf Naturgesetzlichkeiten beruhen. Diese werden jedoch nur nebenbei und unbefragt wahrgenommen.

Es ist unwahrscheinlich, dass ein Kind sich beispielsweise fragt, warum eine Möwe sich bewegungslos auf dem Wasser halten kann und nicht nass wird.

Das Erleben der Wirklichkeit geschieht als ein ganzheitlicher Vorgang: Die Jahreszeiten kommen und gehen, dem Tag folgt die Nacht, auf den Blättern der Bäume bildet das Regenwasser Perlen, Schnecken sind vermehrt zu sehen, wenn es häufiger regnet, im Herbst vergilben die Blätter und im Frühling belauben sich die Bäume immer wieder neu. All dies und viele andere Bilder sind in den Netzwerken unseres Gehirns präsent, ohne dass wir innehalten und die erlebten Bilder auf einmal als rätselhaft empfinden. Das Erleben der Naturphänomene bewirkt also nicht unmittelbar, dass wir uns darüber wundern, weshalb die Erscheinungsmuster der Wirklichkeit so sind, wie sie sich uns anbieten, und für unsere Orientierung unabdingbar notwendig sind. Die Frage, wie die wissenschaftlichen Zusammenhänge der äußeren Wirklichkeit entdeckt werden, ist für kognitive Lernprozesse jedoch von Bedeutung. Denn damit verbunden ist die Frage nach der Gestaltung von Unterrichtssituationen, die geeignet sein könnten, erlebte Naturphänomene als Frage in unserem Denken und Bewusstsein zu beleben.

Im Folgenden möchte ich über einen dreitägigen Kurs mit einer jahrgangsübergreifenden Gruppe (Klasse 3 bis 6) berichten. Alle Schüler wurden von den jeweiligen Klassenlehrern als besonders leistungsfähig ausgewiesen und für diesen

Kurs vorgeschlagen. Zu einem späteren Zeitpunkt habe ich diesen Kurs auch mit Hauptschülern durchgeführt*. Ich war überrascht, dass die Hauptschüler zwar langsamer vorankamen, jedoch letztlich zu vergleichbaren kognitiven Leistungen fähig waren wie die begabten Schüler. Dies bestätigt meine Ansicht, dass die dem deutschen Schulsystem eingehende Selektierung in gute und schlechte Schüler fragwürdig ist. Wenn den langsam Lernenden keine Möglichkeit eingeräumt wird, sich weitergehenden Herausforderungen zu stellen, können sie naturgemäß auch nicht unter Beweis stellen, dass sie im Rahmen eines verlangsamten Lernprozesses ähnliche Leistungen erzielen können wie die guten Lerner.

Beide Gruppen setzten sich mit dem Thema »Schwimmen und Sinken« auseinander. Die begabten Schüler zeigten von Anfang an großes Selbstvertrauen und Selbständigkeit im Umgang mit neuen Herausforderungen. Ihre bisherige Schullaufbahn hatte ihnen stets ihre herausragende Leistungsfähigkeit bescheinigt. Das Gefühl von Versagen war ihnen fremd. Die Schulerfahrungen der Hauptschüler, darunter auch einige, die als Sonderschüler eingestuft worden waren, waren vornehmlich durch das Gefühl von Unzulänglichkeit und Angst vor Scheitern geprägt. Ich habe lange gebraucht, bis diese Schüler merkten, dass ich ihnen viel zutraue, sie wirklich ernst nehme und ihre Ideen und ihr Können dringend brauche, um als Lehrender voranzukommen. Nachdem die Schüler sich davon überzeugt hatten, dass ich sie nicht belehren wollte und konnte, sondern vielmehr Wert darauf legte,

* Beide Kurse wurden an der Odenwaldschule durchgeführt. Der Kurs mit begabten Schülern im Rahmen einer Sommerakademie und der Kurs mit den Kindern der fünften Jahrgangsstufen im Rahmen des ungefächerten Naturkundeunterrichts der Schule.

sie als ihr Mentor zu begleiten, haben sie sich zunehmend für den Unterricht interessiert und dabei entdeckt, dass sie in der Lage waren, eigene Ideen und Hypothesen zu entfalten, die tatsächlich zu guten Ergebnissen und neuen Erkenntnissen führten.

Ein zentrales Anliegen des Kurses bestand darin, den Schülern zu ermöglichen, unterschiedliche Aspekte der Wirklichkeit durch ein selbständiges und unbefangenes Handeln zu erfahren und diese mit Hilfe von individuellen Theorien bzw. Hypothesen zu interpretieren. Von Bedeutung dabei war nicht, was ein Kind in einem bestimmten Alter, im Kontext von Piaget, noch nicht lernen kann, sondern vielmehr, welche vorhandenen Fähigkeiten (Prädispositionen) der Kinder bei der Organisation von Lernsituationen zur Geltung kommen und wie diese entfaltet werden können.

Ausgangspunkt waren folgende Fragestellungen bzw. Bemerkungen:

1. Franziska wundert sich darüber, dass eine Möwe auf dem Wasser sitzen kann, ohne sich zu bewegen. Selbst eine gewaltige Welle vermag die kleine Möwe nicht umzuwerfen.
2. Julia sagt: »Schau, diese Schnecke hat ein Haus und diese nicht!«

Den Schülern stand eine zum Thema zusammengestellte Handbücherei zur Verfügung. Alle Experimente wurden zunächst von den Schülern entworfen und, unterstützt von einfachsten Materialien und Geräten, durchgeführt.

Die Auseinandersetzung mit den Aufgaben erfolgte über drei aufeinander folgende Phasen:

Erste Phase: Hier konnten die Kinder ihre eigenen Vorstellungen zu einer Fragestellung artikulieren und diese der Gruppe vorstellen. In allen Fällen wurden, auch altersbedingt, unterschiedliche Erklärungen, Meinungen und Beobachtungen geäußert.

Zweite Phase: Die offenen Fragen und kontroversen Meinungen wurden in der Gruppe diskutiert und durch Fragen des Lehrers dahingehend erweitert, dass erlebte Bilder und Erfahrungen in den Mittelpunkt gerückt wurden. Anschließend wurden mit Hilfe von einfachen, selbst entworfenen Experimenten Vermutungen und Meinungen der Schüler (soweit möglich) überprüft. Bei Fragen, die einer experimentellen Annäherung nicht zugänglich waren, wurden die Handbücherei und das Internet zu Rate gezogen. In einem Fall konnten keine eindeutigen Erklärungen gefunden werden. Dies wurde als Herausforderung begriffen, Hypothesen zu formulieren.

Dritte Phase: Jedes Kind wurde aufgefordert, die Ergebnisse seiner Erkenntnisse der Gruppe vorzustellen. Hierbei hatten die Kinder die Möglichkeit, Theorien, Hypothesen und Modelle zu entwerfen und gegebenenfalls ihre manifesten Vorstellungen über ein Phänomen oder einen Zusammenhang zu korrigieren. Im Anschluss daran wurden die Beiträge in der Gruppe diskutiert.

Die nachfolgenden Beispiele dokumentieren die verschiedenen Stadien des Unterrichtsgeschehens.

Beispiel 1:

Ausgangspunkt ist die Frage, weshalb die Möwe auf dem Wasser sitzen kann, ohne sich zu bewegen. Folgende Theorien und Vermutungen wurden dabei von den Schülern aufgestellt:

Samantha (6. Klasse): Ich denke, dass die Möwe unter Wasser ihre Füße bewegt, um nicht unterzugehen.

Franziska (6. Klasse): Ich denke, dass die Federn der Möwe wasserabweisend sind, wegen des hohen Fettgehalts.

Felicia (3. Klasse): Ich denke, dass die Möwe so leicht ist, dass sie, ohne sich zu bewegen, auf dem Wasser bleibt.

Lukas (5. Klasse): Ich denke, die Möwe bleibt auf der Wasseroberfläche, weil ein Liter Wasser schwerer ist als das Volumen »ein Liter Möwe«.

Eric (5. Klasse): Ich glaube, die Möwe bleibt auf der Wasseroberfläche, weil Luft unter ihren Federn sitzt.

Anna (4. Klasse): Ich glaube, sie schwimmt auf den Wellen und sie hält das Gleichgewicht.

Sechs ganz unterschiedliche Meinungen und Vorstellungen kommen hier zum Ausdruck. Auffällig dabei ist, dass kein Kind fachliche Begriffe wie »Verdrängung« oder »Auftrieb« benutzt, um seine Vorstellungen über das Phänomen vom Schwimmen bzw. Sinken zu untermauern. Beachtlich ist auch, wie ein Schüler (Lukas) versucht, die Bedeutungsinhalte von Gewicht und Volumen des Wassers mit dem Volumen der Möwe in Beziehung zu setzen, wobei seine eigenständig formulierte Begründung den wissenschaftlichen Erklärungsmustern des Phänomens sehr nahekommt.

In einer anschließenden Phase wurden die Schüler aufgefordert zu beschreiben, was mit ihrem Körper geschieht und welche Bewegungsabläufe notwendig werden, wenn sie sich im Wasser schwimmend fortbewegen wollen. Bei dieser Diskussion wurde Übereinstimmung über folgende Erfahrungen erzielt (es handelt sich hierbei um Formulierungen der Schüler):

- Der eigene Körper hängt teilweise im Wasser und schiebt das Wasser weg. Der Körper im Wasser nimmt also den ursprünglichen Platz des Wassers ein. Das Wasser weicht dem Körper aus.
- Die bewegenden Hände und Füße schicken ebenfalls das Wasser weg. Die Füße drücken das Wasser dauernd nach unten oder treiben es auseinander.

- Das weggeschickte Wasser verschwindet nicht, sondern bleibt im Becken, will wieder zurückkommen und seinen Platz einnehmen.

Wir können davon ausgehen, dass Kinder bei unterschiedlichen Anlässen wissen, dass Gegenstände im Wasser sich leichter anfühlen. Ebenso wissen sie, dass schwimmende Gegenstände, wie zum Beispiel ein Spielzeug aus Plastik oder ein Gummiball, sich im Wasser zwar nach unten drücken lassen, jedoch sofort wieder an die Oberfläche befördert werden, sobald sie losgelassen werden. Diese erlebten Bilder sind gleichsam als etwas Selbstverständliches präsent und bieten sich dem Kind nicht als ein Problem an. Anderseits lassen die Erklärungen der Schüler erkennen, dass sie bei dem Phänomen Schwimmen und Sinken verschiedenen Faktoren wie Gewicht, Luft unter den Federn und Fettgehalt der Federn eine besondere Rolle beimessen.

Mit Hilfe von einfachen Versuchen sollten die Schüler nun selbst erfahren, welche Rolle diese verschiedenen Parameter beim Schwimmen spielen.

Für die Versuchsdurchführung wurden ihnen Wassereimer, Knete, Alufolie usw. zur Verfügung gestellt und folgende Aufgabe gestellt: Warum schwimmt eine Möwe auf dem Wasser, ohne sich zu bewegen?

Als Ergebnis der durchgeführten Versuche konnten die Schüler unter anderem folgende Erkenntnisse zu Protokoll geben:

- Wenn etwas Flaches auf dem Wasser liegt, gibt es viele Stellen, die nur wenig Last tragen, und wenn etwas senkrecht steht, gibt es weniger Stellen, die die ganze Last tragen müssen.
- Knete geformt als Kugel geht unter. Die gleiche Kugel als Schiff geformt schwimmt.

- Wenn ein Gegenstand im Wasser ist, nimmt er den Platz des Wassers ein. Da das Wasser aber nicht für immer wegbleibt, sondern zurück will, drückt es den Gegenstand nach oben.
- Der Gegenstand, der ins Wasser kommt, nimmt den Platz ein; das Wasser steigt. Das Wasser will zurück an seinen Platz. Wenn genügend Wasser verdrängt wurde, drückt das Wasser den Gegenstand an die Oberfläche. Genau so ist es bei der Möwe auch.

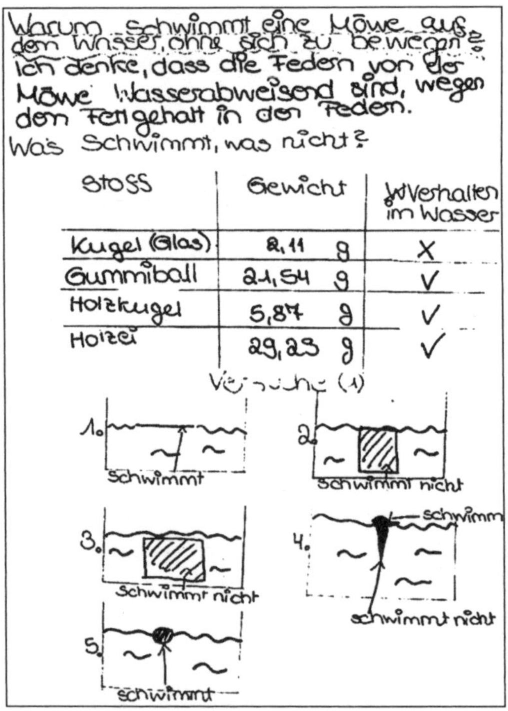
Warum schwimmt eine Möwe auf dem Wasser, ohne sich zu bewegen?
Ich denke, dass die Federn von der Möwe Wasserabweisend sind, wegen dem Fettgehalt in den Federn.
Was schwimmt, was nicht?

Stoff	Gewicht	Verhalten im Wasser
Kugel (Glas)	2,11 g	X
Gummiball	21,54 g	✓
Holzkugel	5,87 g	✓
Holzei	29,23 g	✓

Versuche (1)

Jedes Kind erstellte ein ausführliches Versuchsprotokoll zur Frage: Warum schwimmt eine Möwe auf dem Wasser, ohne sich zu bewegen?

Aus den von den Schülern daraufhin erstellten Protokollen ist der Weg der Erkenntnisgewinnung ersichtlich. Es fällt auf, dass unabhängig von der Altersstufe die physikalischen Zusammenhänge richtig erfasst und in eigenständiger Sprache formuliert werden. Ferner ist festzuhalten, dass alle Schüler ihre Meinungen über die möglichen Ursachen, die dem Phänomen Schwimmen und Sinken zugrunde liegen, revidiert haben.

Beispiel 2:

Julia sagt: »Schau, diese Schnecke hat ein Haus und diese nicht!«

Hier sollten die Schüler herausfinden, warum die eine Schnecke ein Haus hat und die andere nicht. Folgende Meinungen kamen zum Ausdruck:

Samantha (6. Klasse): Ich denke, dass es einfach nur verschiedene Arten von Schnecken sind, die ihrer Umgebung angepasst sind.

Franziska (6. Klasse): Ich glaube, dass die Nacktschnecken einen besonderen Schleim absondern, um sich vor der Sonne zu schützen und dass die Schnecken mit Haus sich darin verkriechen.

Felicia (3. Klasse): Ich denke, dass sich die eine Schnecke mit ihrem Haus vor Feinden schützt und die andere Schnecke kein Haus braucht. Sie kriecht bei Feinden unter ein Blatt.

Anna (3. Klasse): Weil die eine Nacktschnecke ist und die andere eine normale Schnecke. Die normale Schnecke benutzt das Haus als Schutz für sich und die Nacktschnecke hat als Schutz die Blätter.

Lukas (5. Klasse): Ich denke, dass die eine Schnecke ein Haus hat, zum Schutz vor Sonne (Hitze) um sich zu befeuchten, um nicht zu vertrocknen, und zum Schutz vor

Fressfeinden. Ich glaube, dass die andere Schnecke kein Haus braucht, weil die Schnecke nur in einer feuchten Umgebung lebt.

Eric (5. Klasse): Ich glaube, die Nacktschnecke hat kein Haus, weil sie unter der Erde lebt und nur bei Regen herauskommt. Die anderen Schnecken haben ein Haus, um sich vor Hitze und Feinden zu schützen.

Die Fragestellung ruft offensichtlich erlebte Bilder hervor und bestimmt die Erklärungsmuster. Alle erachten drei Faktoren als bedeutsam, nämlich Anpassung an die Umgebung, Schutz vor Feinden und Schutz vor Austrocknung. Bei einer anschließenden Vorstellung ihrer Meinungen und Diskussion wurde überlegt, bei welcher Witterung welche Art von Schnecken vermehrt zu sehen ist. Offen jedoch blieb die Frage, weshalb die Schnecke nicht austrocknen darf. Auch durch eingehende Lektüre der Lexika und der verfügbaren Biologieschulbücher konnte keine befriedigende Antwort gefunden werden. Dies wurde als eine Herausforderung begriffen, eigene Theorien zu bilden. Nachfolgend sind die Hypothesen und Theorien der Schüler aufgelistet:

Warum darf die Schnecke nicht austrocknen?

Franziska: Ich denke, dass die Schnecke auch durch die Haut atmet und dass sie das nicht mehr kann, wenn sie austrocknet.

Felicia: Ich denke, dass die Schnecke durch die Schleimhäute atmet, und wenn die Schnecke keine Nässe mehr hat, kann sie nicht mehr atmen und stirbt.

Anna: Ich denke, dass die Schnecken auch durch die Lunge und die Haut atmen können, und sie trocknen auch nicht so schnell aus.

Die selbständige Beschäftigung mit der Fragestellung zeigt, dass alle Schüler in der Lage waren, eigenständige Theorien als Erklärung für die Fragestellung zu formulieren. Besonders weitgehend sind dabei die Überlegungen von Lukas.

Lukas: Ich denke, dass die Schnecken durch die Lunge und durch die Haut atmen und dass bei der Hautatmung der Schnecke die leicht bewegte Luft durch die Schleimhaut eingefangen und gelöst wird. Durch die Haut können die Schnecken dann die im Schleim gelöste Luft einsaugen und dann die verbrauchte Luft mit dem Schleim ausstoßen.

An den Beispielen können wir sehr gut sehen, dass Schüler neue Ideen und Konzepte selbständig bilden können, wenn der Weg der Erkenntnisgewinnung durch eine Belebung und Bewusstwerdung erlebter Phänomene begleitet wird.

Kleine und jahrgangsübergreifende Lerngruppen fördern dabei vielfältige Interaktionen, die Wahrnehmung von unterschiedlichen Herangehensweisen anderer Schüler und deren sprachlichen Ausdrucksmustern. Diese Faktoren erleichtern den Zugang zu abstrakten Sachverhalten. Entdeckendes Lernen hilft den Schülern, naive Vorstellungen von sich aus zu korrigieren.

Achtes Kapitel
Lernen ohne Anweisungen

Wer noch nie einen Fehler begangen hat, hat noch nie etwas Neues probiert.
Albert Einstein

Wie durch Erkennen von Fehlern neue Erkenntnisse gewonnen werden können

Wenn Kinder und Erwachsene außerhalb der Schule ein Problem lösen wollen, dann bieten sie spontan mehrere Lösungsvorschläge an und niemand denkt an irgendwelche wissenschaftliche Gesetzmäßigkeiten. Allein die individuelle Erfahrung und Wissen kommen zum Ausdruck. Die Wahrnehmung verschiedener Ideen und Argumente regt vielfältige Denkprozesse an. In der Schule wird jedoch für ein bestimmtes Problem oft nur eine gültige Lösung angeboten. Diese Art des Lernens widerspricht der menschlichen Natur. Selbst wenn zwei Menschen ein und dieselbe Aufgabe gestellt bekommen, wenden sie zu ihrer Bewältigung individuelle Strategien an. Die Heterogenität ist eine herausragende Erscheinung der Natur und im Hinblick auf die Lehrprozesse in der Schule eine unverzichtbare Voraussetzung für die Entwicklung und Realisierung von kreativem Unterricht. Dafür muss man nicht kluge Bücher wälzen, sondern Kindern Raum geben, ihre Vorstellungen, Meinungen und Erfahrungen zum jeweiligen Problem zu artikulieren. Die Lehrenden werden dann zunehmend deutlicher erkennen, wie Wissen von Kindern selbständig konstruiert wird und dass Fehlermachen und Misslingen zum festen Bestandteil des Lernens gehören. Darüber hinaus wird man feststellen können, welche unterschiedlichen Wege die Kinder gehen müssen, um sich ein und dieselbe Kompetenz anzueignen; und wie ein Rollenwechsel vom Belehrenden zum Mentor die Qualität des Lehrens und die Kommunikation zwischen Lehrenden und Lernenden derart verbessern kann, dass bisher verkannte Begabungen der Kinder sich offenbaren.

Dass dies in der Schulwirklichkeit selten angestrebt wird, ist ein Hindernis für die Entfaltung des individuellen Lernens und der Optimierung von verschiedenen Kompetenzen der Kinder.

Wie das anders gehen könnte, möchte ich an folgendem beschriebenen Kurs zeigen, der an verschiedenen Schulen in den Jahrgangsstufen 4 bis 6 durchgeführt wurde. Dem Lehrer kommt darin die Rolle des Beraters zu.

Die Auseinandersetzung mit allen Aufgaben erfolgte über drei aufeinanderfolgende Phasen, die ich weiter oben schon ausführlicher beschrieben habe. Hier eine kurze Zusammenfassung.

Erste Phase: Kinder artikulieren eigene Vorstellungen und Lösungen der Fragestellung und stellen diese in der Gruppe vor.

Zweite Phase: Die offenen Fragen und kontroversen Meinungen werden diskutiert und mit Hilfe von selbst entworfenen Experimenten überprüft und gegebenenfalls die Handbücherei oder das Internet zu Rate gezogen.

Dritte Phase: Jedes Kind stellt die Ergebnisse seiner Erkenntnisse der Gruppe vor.

Transport eines schweren Steines
Erster Unterrichtstag
Folgendes Bild wird den Kindern gezeigt:

Alle Kinder kennen Asterix und Obelix. Den Kindern werden zuerst folgende Fragen gestellt: Wieso kann Obelix den Stein tragen? Warum trägt er ihn auf dem Rücken?

Die Schüler werden hierbei an Begriffe wie »Kraft«, »Gewicht«, »Schwere« denken. Vielleicht werden sie wissen wollen, warum es leichter ist, ein schweres Gewicht auf dem Rücken zu tragen.

Ihre Antworten und Bemerkungen:
Obelix hat viel Kraft.
Auf dem Rücken ist es besser.
Auf dem Rücken ist mehr Platz.
Einen Rucksack trägt man auch auf dem Rücken.

Einige Kinder meinen, dass man einen Rucksack auch auf dem Bauch tragen könne. Sie berichten von Kängurus, die eine Tragetasche am Bauch haben.

Als Nächstes frage ich: »Wie können wir schwere Steine fortbewegen?«

Einige wissen schon, wie die Ägypter schwere Steine bewegt und hochgehoben haben. Vorschläge werden gesammelt. Hier einige Beispiele:

Die Bilder zeigen, dass die Kinder über ein gutes Vorwissen verfügen. Sie kennen die Hebelwirkung, haben eine Vorstellung davon, wie man Muskelkraft unterschiedlich einsetzen kann.

Nun bekommen die Kinder die Aufgabe gestellt, eine mit Steinen beladene Kiste über eine Strecke von mehreren Metern fortzubewegen. Die Kinder bekommen folgendes Material:

Die Kinder benutzen die unterschiedlichen Materialien, um die mit schweren Steinen gefüllte Holzkiste bewegen zu können.

Bei der Lösung der Aufgabe haben die Kinder die verschiedenen Möglichkeiten intuitiv eingesetzt. Sie haben in wechselnder Gruppenstärke und zu keinem Zeitpunkt systematisch gearbeitet. Sie haben keine Ideen dahingehend entwickelt, wie man die Kraft, die man zum Bewegen der Kiste auf verschiedenen Flächen benötigt, schätzen könnte. Zurück im Klassenraum frage ich sie nach ihren Erfahrungen. Die Kinder äußern voneinander stark abweichende Meinungen. Eine Mehrheit meint jedoch, dass die Kiste, voll bepackt, leichter auf Kieselsteinen zu bewegen war als auf runden Hölzern.

Ich denke, dass sie etwas über den Begriff »Reibung« wissen könnten und frage: »Wieso war es unterschiedlich schwer, die Kiste zu bewegen. Warum ging es auf runden Hölzern und Kieselsteinen besser als auf der Erde?« Von den Schülern erhalte ich darauf folgende Antworten und Bemerkungen: »Die runden Hölzer rollen beim Fortbewegen der Kiste mit. Die Kieselsteine rollen auch.«

Ein Schüler meint, es sei auch eine Frage der Fläche, kann jedoch nicht erklären, was er mit dem Begriff Fläche verbindet. Auch ist nicht klar, welche Fläche gemeint ist – also die Fläche der Kiste, die Fläche des Bodens, die Fläche der Hölzer o. ä.

Die Schüler erfassen intuitiv, dass die Beschaffenheit und die Größe der sich berührenden Flächen irgendwie zusammenhängen.

Ich frage weiter: »Wie verhält man sich, wenn ein Gegenstand gegen den Körper zu fliegen droht?«

Kinder: Man macht sich klein. Man muss sich ducken.

Ansari: Habt ihr Bilder von Tieren im Winterschlaf gesehen?

Kinder: Sie kuscheln sich. Sie machen sich rund.

Ansari: Warum mögen sie diese Körperhaltung?

Kinder: Sie versuchen, die Körperwärme zu halten.

Wenn man friert, macht man sich nicht flach.

Die Fläche wird beim Zusammenrollen weniger.

Noch können die Schüler die Beschaffenheit von Oberflächen (Boden, Kieselsteine, runde und vierkantige Hölzer) und das Ausmaß der Anstrengung zur Fortbewegung der Kiste auf diesen Flächen nicht eindeutig aufeinander beziehen.

Zweiter Unterrichtstag

Auf die Frage, in welchem Fall die Kiste am leichtesten zu bewegen war, geben die Kinder folgende Antworten:

Kies: 2 Kinder
Erde: 8 Kinder
Hölzer: 1 Kind

Die Schüler haben inzwischen die erarbeiteten Erkenntnisse vom Vortag wieder vergessen bzw. sind sich nicht sicher, wie die Zusammenhänge beim Bewegen der Kiste auf unterschiedlichen Oberflächen tatsächlich waren.

Es stellt sich heraus, dass bei der Frage, wo es leichter ging, den Schülern nicht die jeweilige Situation gegenwärtig ist. D. h., es gelingt ihnen nicht zu beachten, dass die Kiste einige Male mit Hilfe von Seilen und unter Teilnahme von mehreren Schülern gezogen und bewegt wurde, in anderen Fällen jedoch nur zwei Schüler die Kiste auf den runden Hölzern gut voranbewegen konnten. Nach meinem entsprechenden Hinweis wird die Frage wiederholt. Die Antworten ändern sich deutlich:

Kies: 2 Kinder
Erde: 5 Kinder
Hölzer: 4 Kinder

Die Betrachtung der Ergebnisse ergibt für die Schüler, dass die Einschätzungen nicht eindeutig sind. Hieraus entwickelt sich eine Diskussion darüber, wie es gelingen könnte, einheitliche und eindeutige Ergebnisse zu erzielen.

Mit einem Modellversuch könnte es den Schülern besser gelingen, Versuchsbedingungen festzulegen, selbständig zu entscheiden, welche Faktoren (Parameter) festgehalten werden müssen und welche variiert werden können. Für die Modellversuche bereite ich folgende Materialien vor:

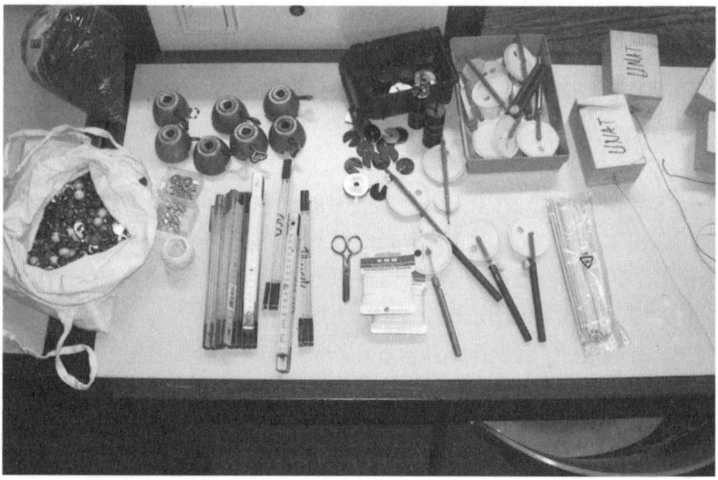

Materialien für die Modellversuche

Die Schüler sollen selbständig darüber entscheiden, wie sie die verfügbaren Materialien einsetzen möchten. Sie nehmen die Gewichte in die Hand, hantieren mit der Federwaage. Das Gummiband und die Rädchen beachten sie nicht, sondern entscheiden sich für den Holzklotz mit einer daran befestigten Schnur.

Versuch: Ein Holzklotz wird mit Hilfe einer Schnur auf folgenden vier verschiedenen Flächen bewegt:

Fläche 1	Murmeln
Fläche 2	Erde
Fläche 3	Kies
Fläche 4	Hölzer

Wo rollt der Holzklotz am einfachsten?

Im Anschluss an die Experimente wird erneut gefragt, über welche Fläche der Klotz am einfachsten zu ziehen sei. Bei der tabellarischen Zusammenfassung kommen die Kinder zu folgendem Resultat. Die Zuordnung beginnt mit »am leichtesten« und endet mit dem Prädikat »am schwersten« (siehe nachfolgende Tabelle).

Leicht	Gruppe A	B	C	D	E	F	G	H	I	J	K
	3	1	1	4	1	1	4	4	1	1	1
	1	4	4	2	4	4	1	1	4	3	3
	2	3	2	3	2	2	2	3	2	2	4
	4	2	3	1	3	3	3	2	3	4	2
Schwer											

Bei der Auswertung der Tabelle wird den Kindern schnell klar, dass es keine Übereinstimmung der erzielten Ergebnisse verschiedener Gruppen gibt. Die Kinder sind nun auf dem Weg, wissenschaftlich zu arbeiten: Sie beginnen, Widersprüche zu entdecken, die Ungenauigkeiten der Messergebnisse zu erkennen.

Es wird diskutiert, wie man nun dieses Ergebnis verbessern könnte. Der Vorschlag, die Experimente im Freien zu wiederholen, wird jedoch abgelehnt.

Ein Kind hat die Idee, dass gleich große Finger benutzt werden müssten, diese Normierung wird jedoch aufgrund der stark unterschiedlichen Fingergrößen verworfen. Die Kinder sind dabei, die Notwendigkeit von genaueren Messmethoden zu begreifen.

Als sie nicht weiterwissen, werden die Kinder an das schon anfangs gezeigte Material erinnert. Schnell erkennen alle, dass das Befestigen von Gewichten an der Schnur eine Möglichkeit sein könnte. Allerdings können sie keine genaue und methodisch gut geplante Vorgehensweise bzw. Messverfahren vorschlagen.

Die Kinder sind dabei zu erkennen, dass die Kraft, die sie beim Ziehen des Holzklotzes über verschiedene Flächen angewendet haben, ebenso von Gewichten geleistet werden kann. Vielleicht ist dies ein erster Schritt dazu, »Kraft« und »Gewicht« aufeinander zu beziehen.

Einige binden die Gewichte direkt an die Schnur und lassen sie vom Tisch hängen, während andere dazu auch Rädchen benutzen.

Vielleicht werden sie jetzt planvoller vorgehen. Vielleicht werden sie sogar entdecken, dass die Benutzung von Rädchen einen unverkennbaren Unterschied ausmacht? Doch bis auf Flora, das einzige Mädchen in der Gruppe, wählen alle Jungen schwere Gewichte. Das Ergebnis ist daher, dass sich der Klotz auf allen Oberflächen mit großer Geschwindigkeit bewegt und dies innerhalb einer so kurzen Zeit, dass keine genauen Unterschiede feststellbar sind.

Nur Flora kann feststellen: Auf den Murmeln bewegt sich der Klotz schneller und weiter als auf den Hölzern. Dagegen ist keine Bewegung des Klotzes auf Sand und auf Kieselsteinen feststellbar.

Nun werden alle über die Vorgehensweise von Flora nachdenken und ein Konzept dafür entwickeln, wie aussagekräftige Ergebnisse erzielt werden könnten.

Ein kleines Gewicht bewegt den Holzklotz. Das Experiment von Flora.

Dritter Unterrichtstag

Auf die Frage, auf welchem Untergrund der Klotz in der vergangenen Woche am leichtesten gezogen werden konnte, bilden sich zwei Lager. Die eine Gruppe votiert für die Murmeln, die andere Gruppe für die runden Holzstäbchen. Eine eindeutige Aussage ist nicht möglich. Einige Kinder wollen das Problem per Abstimmung lösen.

Daraus kann man erkennen, den Kindern ist die Bedeutung einer eindeutigen und einheitlichen Zuordnung noch nicht deutlich. Deshalb frage ich: »Wie können wir eindeutig entscheiden, auf welcher Oberfläche sich der Klotz am langsamsten bewegt?«

Die Kinder möchten das Experiment wiederholen, sie wollen dabei einfach wieder an der Schnur ziehen. Den Kindern ist die Vorgehensweise von Flora entfallen, sie haben nicht genau erkannt, dass das Experiment von Flora eindeutige Aussagen ermöglichte. Ich versuche sie daran zu erinnern, indem ich frage: »Welche Erfahrung habt ihr bei den Messungen letzter Woche gemacht?«

Sie antworten:

Die Gewichte knallen auf den Boden.

Bei den Murmeln / Hölzern ging es schneller.

Ich ermutige die Kinder, sich ein neues Experiment zu überlegen und erinnere sie an das verfügbare Material. Ein Schüler hat eine Idee. Er schlägt vor, ein Gewicht an die Schnur zu hängen und die Zeit zu messen. Falls der Klotz stehen bliebe, würde »unendlich« als Zeit aufgeschrieben oder das Gewicht erhöht werden. Da es nur eine Stoppuhr gibt, schlage ich vor, die Versuche nacheinander durchzuführen.

Daraufhin werden auch Alternativen zur Zeitmessung vorgeschlagen: Man zählt bis drei und misst die Strecke, die der Klotz zurückgelegt hat. Man baut ein Pendel und nutzt das zur Zeitmessung. Man lässt das Zuggewicht los und zählt.

Um das Bewusstsein dafür anzuregen, wie die Variablen »gewähltes Gewicht«, »Beschaffenheit der Oberfläche« und das unveränderliche Gewicht eines Holzklotzes aufeinander bezogen sind, habe ich für die Kinder folgenden Fragebogen vorbereitet:

Welches Gewicht zieht den Klotz?

Die Bilder zeigen die Startposition eines Holzklotzes auf einer Oberfläche. Der Klotz wird, sobald er losgelassen wird, durch das Gewicht über die Oberfläche gezogen. Die grauen und schwarzen Gewichte haben die gleiche Größe. Die Oberflächen sind: Murmeln (M), Holzstäbe (H), Erde (E) und Kies (K). Entscheide ob sich der Klotz schnell (s), langsam (l) oder gar nicht (g) bewegt. Trage deine Einschätzung (s, l, g) unter die Kästchen der Oberflächen (M, H, E, K) ein.

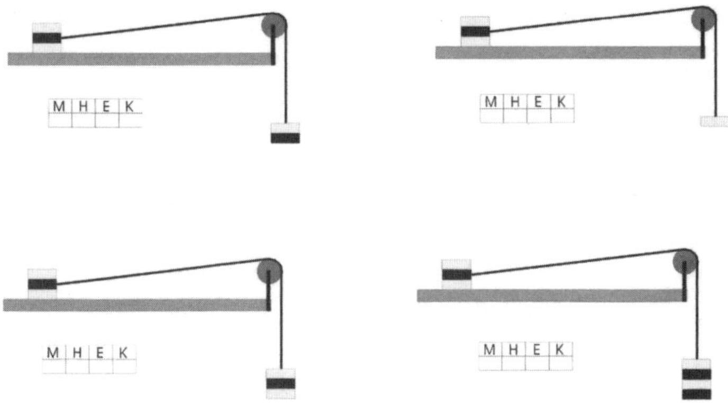

Die Ergebnisse der Befragung werden mir helfen, genauer zu erkennen, welche Probleme sich den Kindern in diesem Zusammenhang anbieten.

Die Kinder sind nach der Auseinandersetzung und der Beschäftigung mit dem Fragebogen so weit, dass sie eine Abstufung der unterschiedlichen Oberflächen bezüglich ihrer Reibung durch einfache Experimente bestimmen können.

Die Kinder wählen jetzt das Material nach ihren Vorstellungen aus und arbeiten in zwei Gruppen: Eine Gruppe möchte die Unterschiede mittels Geschwindigkeit und Stoppuhr bestimmen, die andere Gruppe möchte die Unterschiede durch Veränderung der Gewichte bestimmen.

Die Gruppe mit den Gewichten geht planvoll vor und bestimmt innerhalb kurzer Zeit die notwendigen Gewichte für die Oberflächen Erde und Kies. Die Gruppe mit der Zeitmessung wählt zu hohe Gewichte, so dass eine entsprechende Zeitmessung nicht möglich ist. In der Pause wollen zwei Kinder weitermachen und wiederholen die entsprechenden Experimente sehr viel genauer. Dabei erstellen sie eine ganze Messserie:

Oberfläche	Gewicht [g]	Strecke [cm]	Zeit [s]
Murmeln	50	100	3
Murmeln	60	100	1
Murmeln	30	0	0
Holzstäbe	50	100	1
Holzstäbe	30	100	1
Holzstäbe	10	0	0

Den anderen Kindern wird die Messserie nach der Pause vorgestellt. Die Interpretation derselben bereitet den Kindern nun keine Schwierigkeiten mehr.

Es wird gemeinsam eine Tabelle für die Gewichtsversuche erstellt:

Oberfläche	Gewicht [g]	Strecke [cm]
Erde	170	100
Erde	120	0
Kies	220	100
Kies	200	0

Die Zusammenfassung der beiden Experimente gelingt den Kindern mühelos und sie erstellen eine Siegertabelle:

1. Platz	Holzstäbe
2. Platz	Murmeln
3. Platz	Erde
Trostpreis	Kies

Die Kinder sind dabei zu verstehen, dass naturwissenschaftliches Forschen ein allmählich fortschreitender Erkenntnisprozess ist, wobei neue Fragen, Vorstellungen, Konzeptionen und Fertigkeiten entwickelt werden. Langsam werden sie lernen, dass es dabei nicht um eine Anhäufung von Sachkenntnissen geht, sondern vielmehr um eine kontinuierliche Entwicklung von neuen Konzepten. Sie haben bereits erste Schritte dahingehend gemacht zu erkennen, weshalb bei einer experimentellen Untersuchung bestimmte Parameter festgehalten, während andere variiert werden müssen, um genaue Antworten auf Fragen zu erhalten. Sie haben im Verlauf von neun Unterrichtsstunden ihre ursprünglichen Vorstellungen selbständig korrigiert. Allerdings können sie die ermittelten Ergebnisse noch nicht im Kontext von Ursache und Wirkung interpretieren.

Vierter Unterrichtstag

In den vorangegangenen Unterrichtsstunden hat kein Kind versucht, die verfügbaren Kraftmesser für die bereits durchgeführten Experimente einzusetzen. Um das anzuregen, frage ich:

»Der Holzklotz kann von einem Gewicht gezogen werden, doch wer oder was zieht das Gewicht an?«

»Die Erdanziehung«, antworten die Kinder.

Alle Kinder kennen die Schwerkraft. Allerdings können sie noch nicht verstehen, dass ein Gewicht, angehängt an eine Feder, nur so weit von der Gravitation (quasi im freien Fall) angezogen werden kann, bis es von einer Gegenkraft (Trägheit der Feder) kompensiert wird. Sie können jedoch begreifen, dass zur Ausdehnung einer Feder Kraft benötigt wird, weil sie immer zurückspringen will. Dasselbe gilt, wenn wir eine Feder zusammendrücken. Eben diese Kraft können wir an der Ausdehnung der Feder ablesen.

Ich stelle den Kindern die Wirkungsweise der Feder vor. Dazu zeige ich ihnen einige Versuche mit einem Kraftmesser, um den Zusammenhang Gewicht, Kraft und Gegenkraft zu verdeutlichen. Die Kinder bekommen dadurch eine Vorstellung von den Möglichkeiten des Kraftmessers und der Bedeutung der festen Rolle. Sie können nun die wirksamen Kräfte quantitativ erfassen und deren Größe in Einheiten bestimmen.

In der anschließenden Diskussion wird den Kindern deutlich, dass wir mit Hilfe des Kraftmessers nun noch genauere Aussagen über die Bewegung des Holzklotzes über verschiedene Oberflächen machen können.

Dazu wird ein Versuch durchgeführt. Ein Holzklotz wird, wie von den Kindern vorgeschlagen, über zwei verschiedene Oberflächen bewegt. Die deutlich erkennbaren Unterschiede werden diskutiert.

Oberfläche	Kraft in Newton (N)
Glatt	0,65
Rillen	1
Rillen 50 % gehobelt	0,6

Es stellt sich nun die Frage: »Warum geht es auf der glatten Oberfläche leichter?«

Die Antworten und Bemerkungen der Kinder:

Weil die Rillen stoppen.

Auf der gerillten Oberfläche gibt es zu viele Hindernisse.

Die Rillen sind härter als die glatte Oberfläche.

Weil die Rillen mehr Reibung haben.

Der Bedeutungsinhalt »Reibung« ist den Kindern nun deutlich. Im obigen Versuch ist die Reibung nicht nur von den Hindernissen (z. B. Rillen) der Holzplatte abhängig, sondern auch von der Größe und Beschaffenheit der Oberfläche des Holzklotzes.

Im Gespräch mit den Kindern stellen wir fest, dass sie den Begriff »Oberfläche« ganz unterschiedlich interpretieren. Um hier Klarheit zu gewinnen, werden folgende Versuche durchgeführt.

Erster Versuch

Die gleiche Knetmasse wird unterschiedlich geformt (als Kugel bzw. Quader), mit Farbe bestrichen und davon ein Abdruck gebildet. Der Abdruck von Quader ist erheblich größer als von der Kugel. Die Oberfläche der Kugelform hat eine geringere Oberfläche verglichen mit dem Quader.

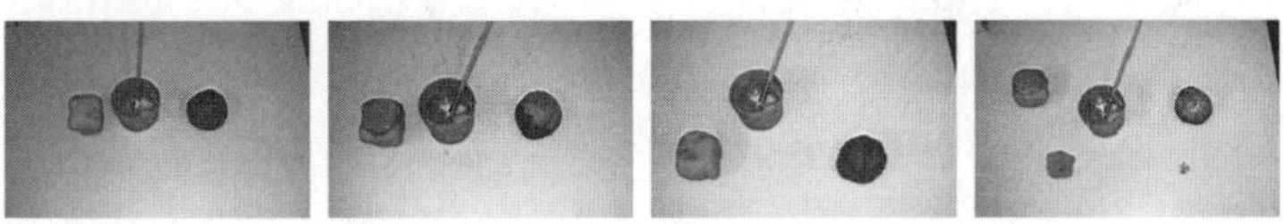

Die Knetmasse wird geformt und ein Abdruck davon gemacht.

Zweiter Versuch

Um den Zusammenhang von Kraft und Oberfläche am Beispiel des Holzklotzes aufzuzeigen, wird der gleiche Holzquader über die Schmalseite (150 cm²) und über die Breitseite (200 cm²) auf der gleichen Oberfläche gezogen.

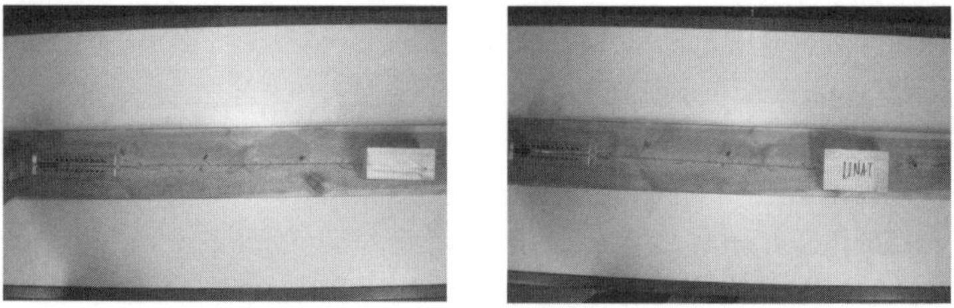

Die für das Bewegen des Klotzes benötigte Kraft wird gemessen.

150 cm² Oberfläche (Schmalseite)	200 cm² Oberfläche (Breitseite)
Kraft: 0,75 Newton	Kraft: 1,2 Newton

Dritter Versuch

In einem Kontrollversuch wird mit Hilfe eines Gummibands ein Stück Papier mit Steinen belegt und einmal flach und einmal aufgerollt gezogen, bis sich das Papier zu bewegen beginnt.

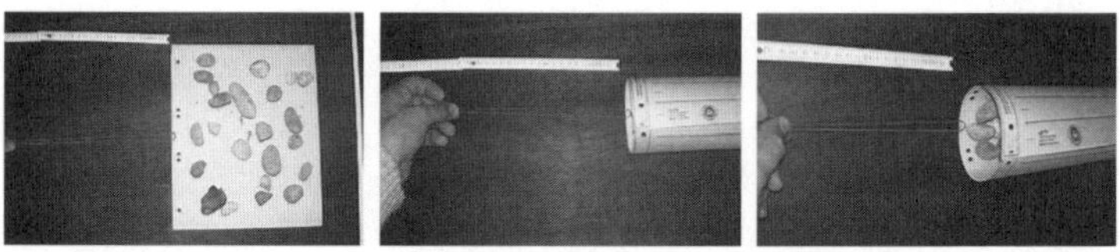

Qualitative Messung der Kraft mit einem Gummiband

Die Kinder können eindeutig feststellen, dass Rundhölzer eine kleinere Oberfläche besitzen als der Boden. Sie können nun ihre Ergebnisse bezüglich des Transports der schweren Kiste im Freien und den Modellversuchen im Klassenraum besser vergleichen, verstehen und im Kontext von Reibung und Kraft einordnen.

Vierter Versuch
»Schiefe Ebene«

Nun sollen die Kinder die Bedeutung der schiefen Ebene beim Transport von schweren Gewichten kennenlernen. Ich erzähle folgende Geschichte:

Franziskas Großmutter wohnt in einem Dorf. Sie will nicht in die Großstadt in die Nachbarschaft ihrer Kinder umziehen, denn im Dorf kennt sie jeden und fühlt sich in der Gemeinschaft wohl. Irgendwie ist die Großmutter recht eigensinnig. Denn eigentlich braucht sie ständige Hilfe. Seit einem Jahr kann sie kaum gehen und ist auf Gehhilfe im Haus und draußen auf einen Rollstuhl angewiesen. Zum Glück ist ihre Wohnung ebenerdig. Den Rollstuhl benutzt sie für ihre Einkäufe. Allerdings kann sie nicht in die nahe gelegenen Läden hineinfahren, denn dazu müsste sie über die Ladentreppen hinaufrollen, und das geht wohl nicht. Aber, wie schon gesagt, Großmutter ist eben eigenwillig. Immer findet sie Menschen, die sie gerne samt ihrem Rollstuhl in den Laden hineinheben und wieder über die Treppe hinabtragen. All dies findet sie gar nicht so angenehm, und manchmal denkt sie schon, dass sie in einer Großstadt auf diese Hilfe nicht angewiesen wäre. Was wäre in einer Großstadt bei einem Gemüsehändler vielleicht anders?

Die folgenden Versuche sollen helfen, eine Antwort auf diese Frage zu finden. Zuerst bauen die Kinder aus leeren Streichholzschachteln, Zahnstochern und Rädern aus Pappe Autos. Es soll ein Wettrennen veranstaltet werden, dabei wird das schnellste Auto prämiert.

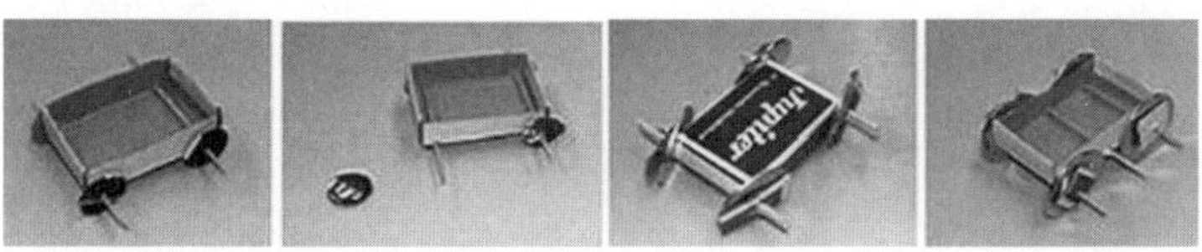

Für die Rennstrecke wird ein Holzbrett (Länge 3 bis 4 Meter, Breite 15 Zentimeter) genutzt.

Ich lege eines der Autos auf ein waagerecht liegendes Brett.

Das Auto auf dem Brett bewegt sich nicht.

Folgende Fragen stellen sich:
Warum fährt unser Auto nicht?
Was müssten wir machen, dass es fährt?
Das Brett wird nun leicht geneigt aufgestellt. Die Kinder probieren, wie ihre Autos sich darauf verhalten.

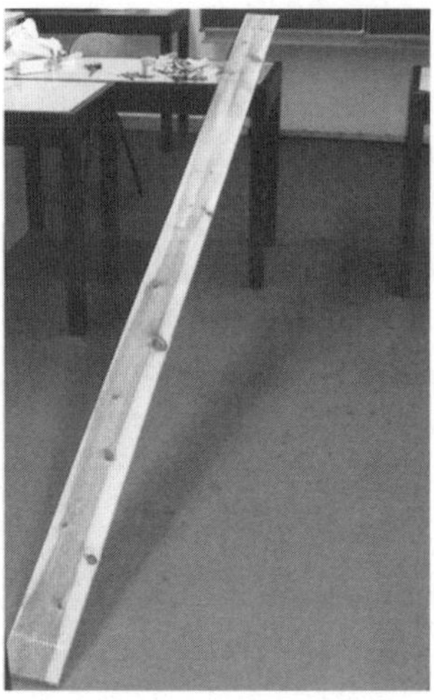

Nun kann das Auto herunterrollen.

Daraus ergeben sich folgende Überlegungen:
Warum bewegen sich die Autos nun?
Gibt es Unterschiede bei der Bewegung (Rollen / Gleiten)?
Welche Bewegung funktioniert am besten?
Hat das Gewicht des Autos eine Bedeutung?
Hat die Neigung der Strecke eine Bedeutung?

Die Kinder sollen die Umgebung genauer betrachten, schiefe Ebenen in ihrer Umgebung entdecken. Sehr schnell werden mehrere Objekte als schiefe Ebene erkannt. Zum Beispiel: schräge Dächer, Hügel, Rutschen, Treppen.

Allen wird nun bewusst, dass es mit Hilfe der schiefen Ebene leichter gelingt, schwere Gegenstände nach oben und nach unten zu bewegen. Allerdings verlängert sich der Weg, den ein Gegenstand über die schiefe Ebene zurücklegen muss, damit er dieselbe Höhe erreichen kann. Dagegen erleichtert sie die Bewegung der Gegenstände nach unten erheblich.

Wir kehren nun zu der Ausgangsfrage zurück: Wieso kann Obelix den Stein tragen? Warum trägt er ihn auf dem Rücken?

Sehr schnell erkennen die Kinder, dass man mit seinem Rücken eine Art schiefe Ebene bilden und somit eine Last leichter tragen kann, weil auf der schiefen Ebene die Gewichtskraft nicht nur senkrecht wirkt, sondern auch parallel zur schiefen Ebene. Dies wäre nicht der Fall, wenn Obelix den Stein auf seinen Händen tragen würde, da in diesem Fall die Gewichtskraft des Steins nur noch senkrecht wirken würde. Eine Rampe, die es vielleicht an größeren Geschäften in der Stadt gäbe, würde auch der Großmutter die Möglichkeit eröffnet, ihren Rollstuhl selbständig in den Laden hineinzubewegen.

Neuntes Kapitel
Naturerfahrung ist nicht Naturwissenschaft

Die Schulerfahrung gestaltet sich für Kinder derzeit vor allem dadurch so unerfreulich, dass sie ständig zu Tätigkeiten gezwungen werden, bei denen sie versagen.
Margaret Donaldson

Die Natur ist viel zu komplex, um sie verstehen zu können. Was wir von ihr zu wissen glauben, sind lediglich unsere Interpretationen, unsere Übersetzungen der Vorgänge der Natur, und diese bleiben fragmentarisch. Da wir selber ein Teil der Natur sind, können wir die Natur in ihrer Ganzheit nicht begreifen. Es ist also eine Illusion zu meinen, dass unser Wissen über die Natur die Natur selber darstellt. Für viele Naturforscher waren die Ehrfurcht vor der Natur und das Erstaunen über ihre Rätselhaftigkeit der Ausgangpunkt, um Fragen an sie zu stellen. Die intensive Beschäftigung mit den sinnlich wahrnehmbaren Erscheinungsbildern der Natur offenbarte ihnen einige Aspekte der Naturphänomene – und nicht mehr. Denn auch unsere Sinneswahrnehmung ist begrenzt. Daran hat sich, trotz aller technischen Errungenschaften, bis heute nichts geändert.

Dies muss uns stets bewusst sein, wenn wir über die Natur sprechen. Denn nur so gewinnen wir eine innere Haltung, die uns befähigt, die wahrnehmbaren Naturphänomene als einen winzigen Teil eines Ganzen zu akzeptieren. Für uns Erwachsene ist diese Haltung auch deshalb von Bedeutung, weil sie uns herausfordert, Kinder als Wissende zu respektieren und somit ihren Erfahrungshintergrund als das Fundament zu erachteten, auf dem man Wege der Erkenntnisgewinnung beschreiten kann. Diese Haltung bewahrt uns auch davor, den Kindern unsere Naturerfahrung als eine Reihe von experimentellen Beweisen zu vermitteln, die man nicht in Frage stellen darf. Martin Wagenschein spricht in diesem Zusammenhang von einer »Überrumpelungspädagogik«. Naturerfahrung ist eben nicht Naturwissenschaft. Ein Experiment ist eine Manipulation der Natur.

Leider wird von vielen Stiftungen, die mit großen Summen auch von der Bundesregierung unterstützt werden – ich nenne hier als Beispiel »Das Haus der kleinen Forscher« –, nachdrücklich die Illusion verbreitet, Bildung sei die Reduktion der Wirklichkeit, Erfahrung sei, in die Retorte blicken, Verstehen sei erst durch Spaßhaben möglich. Es wird die Illusion hochgehalten, dass Kinder, die sich mit desperaten Experimenten beschäftigen, später große Forscher im Dienste der technischen Entwicklung sein werden. Für diese Vermutung gibt es jedoch keine Grundlage. Es ist keine empirische Erhebung bekannt, die erkennen ließe, dass die Gehirne dieser sogenannten »kleinen Forscher« besser als andere vernetzt sind, um mit den Herausforderungen der technisierten Welt fertigzuwerden.

Dazu ein Erlebnis aus der ersten Klasse einer Grundschule. Es war ein heißer Tag und eine Kollegin hatte gerade bemerkt, dass die Luft »steht«. Ich wollte daraufhin mit den Kindern der Frage nachgehen, ob Luft tatsächlich »stehen« könne. Sofort meldeten sich drei Kinder und teilten mir mit, sie hätten viele Experimente über die Luft gemacht und möchten nun etwas anderes machen. Auch die anderen Kinder ließen durchblicken, dass sie sich bei dem Thema Luft langweilen würden, sie wüssten schon alles über die Luft. Es stellte sich heraus, dass diese Kinder eine Kita besucht hatten, die – orientiert am Konzept vom »Haus der kleinen Forscher« – mit diesen Kindern bereits das Thema Luft »erledigt« hatte. Ich blieb jedoch bei dem Thema und wollte nun zusammen mit den Kindern herausfinden, was man unter dem Ausspruch »die Luft steht«, verstehen könne. Doch sie wollten nicht mitmachen.

Über die gleiche Fragestellung hatte ich an einer anderen Schule, die nicht einmal die Einrichtung »Haus der kleinen Forscher« kannte, mit den Kindern sehr lange einen Dialog führen können. Diese Kinder erwarteten auch nicht von mir, dass ich irgendwelche Geräte auspackte und sie in die Zauberwelt des Experimentierens führte, sondern nahmen lebhaft am Unterrichtsgespräch teil. Nach einer halben Stunde kam ein Kind auf die Idee: »Wenn sich die Blätter draußen nicht bewegen, dann steht die Luft.« Meine Bemerkung, dass selbst, wenn sich kein Blatt bewegt, die Luft sich vielleicht doch bewegt, aber so schwach, dass sie nichts in Bewegung versetzen könne, fanden die Kinder komisch.

Nach einer Woche war ich wieder zusammen mit denselben Kindern. Eine Schülerin erzählte, dass sie über die Luft nachgedacht hätte. Sie sagte, sie hätte bisher geglaubt, dass in einem Zimmer die Luft stillstünde, doch das könne gar nicht sein. Denn dann würde man ja ersticken. »Wie meinst du das?«, fragte ich. Die Antwort war: »Sonst würde sie ja nicht in unsere Nase gehen können.« Völlig unabhängig davon, ob dieses Mädchen damit den Teilchencharakter der Luft meinte, lässt ihre Antwort doch erahnen, dass sie eine eigenständige Hypothese aufzustellen vermochte. Gemessen an Programmen wie »Natur-Wissen schaffen« (unter der Federführung von Wassilios Fthenakis), »Haus der kleinen Forscher« u. ä. ist das sicher keine adäquate Vorgehensweise, mit Kindern über Naturphänome zu sprechen, weil dem Dialog kein Experiment vorausgegangen ist. Denn dort wird immer mit einem Experiment angefangen, weil das Laborexperiment als ein bedeutendes pädagogisches Instrument angesehen wird. Auf der Homepage der Stiftung »Haus der kleinen Forscher« stand bis vor kurzem:

Zum Experimentieren gehören der Spaß am Ausprobieren und das Entdecken interessanter Phänomene. Ein Experiment ist immer eine »Frage an die Natur«. Dabei geht es nicht um »richtig« oder »falsch«, sondern um die eigenen Beobachtungen der Kinder. Der Ausgang eines Experiments kann überraschend sein, das Ergebnis ist aber niemals falsch, sondern erweckt neue Fragen. Spaß entsteht durch Erfolgserlebnisse, die dazu motivieren, sich mit neuen Themen weiter zu befassen.

Man stolpert über jeden Satz. Erstaunlich wie viele gedankliche Widersprüche in wenigen Sätzen Raum gefunden haben! Einerseits gibt es kein »richtig« oder »falsch«, andererseits »das Ergebnis ist aber niemals falsch«. Wie geht das zusammen, fragt man sich. Es wird anfangs einfach festgestellt: »Ein Experiment ist immer eine ›Frage an die Natur‹.« Kann das überhaupt sein, wenn alle angebotenen Experimente von vornherein auf ein festgelegtes Ergebnis hinzielen?

Was wir von der Leistungsfähigkeit eines Experiments überhaupt erwarten können, ist beispielsweise in Wikipedia unter Bezugnahme auf Immanuel Kants Postulate wie folgt formuliert: »Durch die experimentelle Methode werden lediglich diejenigen neuen Erkenntnisse gewonnen, nach denen in den zuvor durch das experimentelle Design gestellten Hypothesen gefragt worden ist.« Im Zusammenspiel mit einem Modell sind Experimente die Grundlage einer Theorie. Bei welchem Experiment der Stiftung ist dies der Fall?

Das pädagogische Programm der Stiftung verwechselt, so scheint mir, die Kategorien Unterhaltung und fundierter Wissenserwerb. Wie unseriös auch bei ähnlichen Projekten verfahren wird, ist auch daran erkennbar, dass keinerlei Vernetzung zwischen den einzelnen Experimenten möglich ist. Lernen ist demnach der Beliebigkeit überantwortet. Befremdlich auch die Tatsache, dass sich beide Programme – »Natur-Wissen schaffen« und »Haus der kleinen Forscher« – auf »Ko-Konstruktion und Metakognition« berufen. Jeder kann sich an Hand der Publikationen der obigen Programme überzeugen, dass dies definitiv auszuschließen ist. Denn Ko-Konstruktion, also das zusammen Lernen der Erzieher mit den Kindern, setzt eine geistige Haltung voraus, die Kinder auf Augenhöhe wahrnimmt und gemeinsam mit ihnen Zusammenhänge entdeckt. Das wiederum setzt voraus, dass Kinder gemeinsam mit den Erwachsenen eine Frage entdecken, die sie nicht nur beschäftigt, sondern auch Möglichkeiten zur selbständigen Suche nach einer Antwort zulässt. Kinder und Erwachsene müssen erst auf den Gedanken kommen, dass die jeweils drängende Frage oder Hypothese sich vielleicht mit Hilfe eines Experiments untersuchen ließe. Im nächsten Schritt müssten sie das Experiment selber entwerfen. Dies ist jedoch bei keiner der Aktivitäten der Programme auch nur ansatzweise möglich. Metakognition bedeutet, dass Kinder die Bewusstheit über ihr Denken erlangen. Doch dies kann nur dann gelingen, wenn sie die Gelegenheit bekommen, etwas zum Gegenstand ihres Denkens zu machen. Dies ist jedoch nur dann möglich, wenn eine Fragestellung den Erfahrungsmöglichkeiten der Kinder entspricht. Auch dies ist bei keiner der Aktivitäten möglich, zumal das Ergebnis des Experiments von vornherein feststeht. Verwunderlich ist auch, dass nahezu alle Experimente im Angebot der Stiftung seit Jahren in einschlägigen Schulbüchern und diversen Labormanualen bereits beschrieben sind. Auffällig auch, dass in der voluminösen Publikation »Natur-Wissen schaffen« im Theorieteil altbekannte Erkenntnisse der Kongnitionswissenschaften und der Lernpsychologie einen großen Raum einnehmen, diese jedoch in keinerlei Korrespondenz zum praktischen Teil des Werkes stehen.

Zur Veranschaulichung des oben Gesagten möchte ich ein Experiment, das die Stiftung »Haus der kleinen Forscher« zum Thema »Luft« anbietet, vorstellen:

Ein kastenförmiges Gefäß mit einer kleinen Öffnung steht auf einem Tisch. Vor der Öffnung des Kastens befindet sich ein Tischtennisball. Schlägt man mit beiden Händen auf die Seitenwände des Gefäßes, dann fliegt der Tischtennisball weg. Mit diesem Versuch sollen die Kinder erkennen, dass Luft überall ist, also auch im Kasten.

Ich habe dieses Experiment in einer Kita wiederholt, und kein Kind konnte mir sagen, weshalb der Tischtennisball bewegt wird. Alle waren der Meinung, dass der Ball durch das Schlagen gegen die Gefäßwände wegfliegt. Die Kinder wollten immer wieder gegen den Papierkasten schlagen und den Ball fliegen sehen. Offensichtlich waren sie von dem erzielten Effekt fasziniert.

Es ist nicht verwunderlich, dass Kinder, ja selbst Schüler der zehnten Klasse, das Experiment nicht interpretieren können, weil die physikalischen Vorgänge, die hierbei ursächlich wirken, zu kompliziert sind. Beim Schlagen gegen den Kasten verringert sich das Volumen und der Luftdruck im Kasten steigt. Damit der Druck nun dem atmosphärischen Druck entspricht, geht ein Teil der Luft aus dem Kasten hinaus und bewegt somit den Tischtennisball. Wenn nun der Kasten wieder sein ursprüngliches Volumen erhält, strömt wieder Luft ein, damit ein Druckausgleich herrscht.

Ähnliches gilt für zahlreiche vergleichbare Experimente. Da hilft es auch nicht, dass man vielversprechende Begriffe wie Metakognition bemüht.

Das »Haus der kleinen Forscher« stellte jeden Monat auf seiner Homepage ein »Experiment des Monats« vor. Brauchen Kinder und Erzieher wirklich Monat für Monat Experimente, deren Ausrichtung von auffallender Beliebigkeit gekennzeichnet ist? Es ist, als würde man die Kinder kontinuierlich mit Fragen und Effekten konfrontieren, nach denen sie gar nicht gefragt haben. Aus didaktischer und pädagogischer Sicht bleibt der ganze Aufwand unergründlich. Denn Kinder sind ja ohnehin ständig am Lernen und Entdecken. Ihr Alltag ist das aufregendste Laboratorium.

Wenn man schon mit den Kindern über Luft sprechen möchte, dann gibt es einfachere Möglichkeiten. Dies könnte z. B. wie folgt passieren.

»Heute wollen wir über LUFT sprechen.«

Mit dieser Ankündigung beginnt ein »Dialog über Luft«. Der Verlauf des Gesprächs wird zwar moderiert und geleitet, hängt jedoch von den Beiträgen der Kinder ab.

Auf meine Frage: »Was meint ihr, ist hier im Raum Luft?«, sagen die Kinder, dass man zuerst das Fenster aufmachen müsse, um die Luft rein zu lassen. Aus dieser Antwort schließe ich, dass sie zwar einen Begriff von Luft haben, jedoch noch nicht wissen, dass sie überall vorhanden ist. In den nächsten Tagen versuche ich, den Gesprächsrahmen zu erweitern.

Ansari: Habt ihr schon mal gesehen, wie die Vögel fliegen? Was machen die dann mit den Flügeln? Zeigt mal, wie sie fliegen!

Die ganze Gruppe hebt und senkt die seitlich ausgestreckten Arme, als wollten sie fliegen.

Ansari: Wozu ist das gut?

Kind: Die fliegen, da ist Luft.

Ansari: Bewegen sie dann die Luft? Ja? Also schauen wir mal, ob wir hier auch die Luft bewegen können.

Jedes Kind bekommt nun einen Pappteller und soll damit die Luft im Raum bewegen und spüren. Auf dieselbe Weise können sie auch das Mobile im Raum in starke Bewegung versetzen.

Ich bin mir nicht sicher, ob alle Kinder der Meinung sind, dass Luft im Zimmer ist, obwohl die Fenster nicht offen sind. Daher schlage ich vor, den Zeigefinger kurz unterhalb der Nase zu halten und kräftig ein- und auszuatmen.

Doch zwei Kinder meinen, die Luft käme aus der Nase. »Und wie war das mit den Papptellern?« Auch hier sind einige Kinder der Meinung, dass die Luft aus den Papptellern kommt.

Ansari: Kann man sehen, dass draußen Luft ist? Schau mal aus dem Fenster.

Kind: Nein, das kann man nicht sehen.

Ansari: Wann kann man das sehen?

Kind: Wenn die Bäume wackeln, und wenn die Blätter runterfallen.

Ansari: Was bewegt die Luft noch? Habt ihr mal ein Segelschiff gesehen? Erzählt mal, wie das funktioniert!

Kind: Wenn die Luft in die Segel kommt, fährt das Schiff los.

Ansari: Kann mir jemand mal erzählen, wo er gesehen hat, dass durch die Luft etwas getragen oder bewegt wird? Habt ihr mal einen Drachenflieger gesehen?

Die Kinder beschreiben einen Drachenflieger so gut sie können und kommen darauf, dass der Gleitschirm durch Luft getragen wird.

Nun bekommen die Kinder Luftballons, blasen sie auf und halten sie fest zu. Auf das Zeichen »eins, zwei, drei« lassen alle ihre Ballons los. Sie zischen nach oben ab.

Ich schlage vor, das Ganze zu wiederholen, jetzt aber die Luftballons andersherum (also mit der Öffnung nach oben) zu halten. Auf »eins, zwei, drei« lassen sie dann ihre Ballons wieder los.

Ansari: Eins hab ich aber noch nicht ganz verstanden. Wenn man den Luftballon so rum (mit der Öffnung nach unten) hält und dann loslässt, wohin fliegt er dann?

Kind: Nach oben!

Ansari: Und wenn ich ihn so herum halte (mit der Öffnung nach oben), wohin fliegt er dann?

Kind: Nach unten!

Ansari: Kann mir jemand erzählen, warum das so ist?

Kind: Wie ne Rakete fliegt er dann.

Kind: Da ist ein Stoß.

Ansari: Ihr habt ja die Luftpumpe gesehen, mit der ihr die Ballons aufgepumpt habt. Ist da ein Lufttank drin? Was ist da los, wieso kann man damit Luft in die Ballons reinpumpen? Hat jemand eine Idee?

Die Kinder kommen dahinter, dass die Luft durch die Löcher am Boden der Pumpe einströmt.

Ansari: Und wie kann man das überprüfen? Wer hat eine Idee, wie man prüfen kann, ob die Luft wirklich durch diese Löcher in die Pumpe kommt?

Kind: Man kann die Löcher zuhalten.

Alle überzeugen sich davon, dass es viel schwerer geht, wenn man die Löcher zuhält. Ich versuche nun, die gewonnenen Erkenntnisse zu vertiefen und verteile Luftballons, in die ich vorher mit einer Nadel ein Loch gestochen habe.

Ansari: Wie kann ich nun dieses winzige, fast unsichtbare Loch wiederfinden?

Kind: Mit der Hand kann ich das spüren.

Ansari: Kannst du mir das zeigen?

Das Kind nimmt den Ballon und versucht, das Löchlein zu

ertasten. Ein anderes Mädchen schlägt vor, den Ballon aufzublasen, weil die Luft dann an dem Löchlein wieder entweicht.

Mittlerweile lauschen die ersten Kinder bereits der aus dem Löchlein zischend entweichenden Luft. Andere Ballons zerplatzen. Es herrscht lautstarker, hoch konzentrierter Arbeits-Trubel.

Nun bekommt jedes Kind eine Schale mit Wasser. Ich frage, ob man das Leck vielleicht auch durch Eintauchen des Ballons ins Wasser entdecken könnte. Allgemeine begeisterte Zustimmung. Die Kinder pumpen bereits wieder ihre gelochten Ballons auf. Die ersten tauchen sie ins Wasser und beobachten die aus dem Wasser an der Stelle des Lecks aufsteigenden Luftblasen.

Das nächste Experiment dient nochmals der Sichtbarmachung von Luft: Die Kinder pusten Luft quer über die Oberfläche des Wassers in den Schalen und beobachten die entstehenden Wellen.

Die Kinder pusten ins Wasser und beobachten die Wellen.

Einige Wochen nach dem Dialog werde ich von einer anderen Kita eingeladen, um den Kinder die Eigenschaften von Luft näherzubringen. Bei dieser Gelegenheit möchte ich eine weitere Herangehensweise an das Thema ausprobieren.

Bei meinen Vorüberlegungen gehe ich davon aus, dass die Kinder bereits viel über Luft wissen. Auch ist mir bewusst, dass Kinder von sich aus kaum über die Eigenschaften von Luft nachdenken oder Fragen zu dieser Thematik stellen, weil die Beschreibung der Eigenschaften von Stoffen sich ihnen nicht als ein Problem anbietet.

Als Ausgangsphase will ich den Kindern eine Episode aus dem Buch »Puh der Bär« vorlesen, beginnend mit dem Satz: *»Eines Tages, als er im Wald herumspazierte, kam er zu einer Lichtung.«*

In dieser Geschichte gelingt es Puh, mit Hilfe eines Luftballons hoch hinaufzusteigen. Später schafft es Christopher Robin, der Held der Geschichte, ein kleines Loch in den Ballon hineinzuschießen, so dass die Luft aus dem Ballon langsam entweichen kann und Puh unverletzt hinunterbefördert wird.

In der Regel wird die Geschichte von den Kindern als logisch und durchaus real empfunden. Nun wissen Kinder aber auch, dass ein mit Luft gefüllter Ballon kaum hochsteigen kann. Sollte es hier zum Widerspruch kommen, dann werde ich die Kinder um Geduld bitten, bis wir herausgefunden haben, welches Gas Luftballons enthalten, die beim Loslassen schnell hinauffliegen. Viele Kinder werden z. B. auf einer Kirmes beobachtet haben, wie ein Gas aus einer Flasche in die Luftballons gefüllt wird. Es wird ihnen auch bekannt sein, dass aus einem undichten Reifen oder einem Luftballon Luft mit einem zischenden Geräusch hinausströmt. Ich werde mit ihnen darüber sprechen, dass Puh herabgesegelt kommt, nachdem im Ballon ein Loch entstanden ist, und sie fragen, ob das überhaupt sein kann. Ich werde auch wissen wollen, ob die Blätter eines Baumes sich von sich aus bewegen oder vielmehr von der Luft bewegt werden. Gemeinsam werden wir überlegen, ob Wind und Luft zwei verschiedene Dinge sind. Wir werden auch über einige Geräte wie Föhn oder Wäschetrockner reden. Begriffe wie »feuchte« und »trockene« Luft werden dabei sicher eine Rolle spielen. Die Kinder wissen vermutlich, dass nasse Kleidung an der Luft wieder trocken wird. Ich werde sie fragen, warum man manchmal von der »frischen Luft« spricht. Gibt es vielleicht auch »unfrische Luft«?

Mein Ziel dabei ist, die Kinder anzuregen, sich an selbst erlebte Erfahrungen mit Luft zu erinnern. Den Prozess dieser Bewusstwerdung werde ich mit Hilfe von einfachen Versuchen vorantreiben, damit die Kinder immer wieder die Möglichkeit haben, ihre eigenen Vorstellungen einzubringen. Wie dieser Prozess voranschreitet, hängt natürlich davon ab, wie gut es mir gelingt, selber gute Fragen zu stellen und neue Fragestellungen anzuregen.

Mit folgenden Fragen, Anregungen werde ich beginnen:

Mit Hilfe eines Luftballons steigt Puh nach oben.

Wieso kann Puh hinauffliegen?
Wiegt Puh wenig oder viel?
Warum musste Christoph Robin ein Loch in den Luftballon schießen?
Was wäre geschehen, wenn die Luft mit einem Schlag aus dem Ballon entwichen wäre?

Für die Versuche stehen den Kindern folgende Geräte zur Verfügung: Luftpumpen, durchsichtige Plastiktüten und Luftballons von unterschiedlicher Form, Plastikwanne, Bindfaden, Lineal, große Plastikspritzen, Sand und andere feste Gegenstände, Wasser, großer Ball (geeignet für gymnastische Übungen), leere Plastikflaschen.

Folgende Fragen werden dabei eine Rolle spielen:
Was ist eine Luftpumpe? Wozu braucht man sie?
Enthält die Luftpumpe innen eine Art Lufttank? Wie kommt die Luft in die Luftpumpe hinein?
Muss man unbedingt den Autoreifen, Fahrradreifen wechseln, wenn man einen Platten hat?
Gibt es außer Reifen noch andere Dinge, die eingesperrte Luft enthalten?
Wie kann man feststellen, ob ein Fahrradreifen ein Loch hat?
Was geschieht, wenn man die Öffnung einer leeren Plastikflasche ins Wasser taucht oder die Flasche kräftig zusammendrückt?

Mit der Luftpumpe werden die Kinder kleine Plastiktüten und Luftballons (von unterschiedlicher Form) füllen. Mit Hilfe dieser gefüllten Tüten oder Ballons sollen die Kinder selbständig Versuche durchführen, die u. a. zu folgenden Erkenntnissen führen könnten:

- Die Luft nimmt die Gestalt der Ballons und Tüten ein.
- Hält man den Luftballon unter Wasser und gibt die Öff-

nung ein klein wenig frei, dann bilden sich Bläschen und man vernimmt Geräusche.

- Mit einer Nadel wird ein Loch in den Luftballon gestochen. Danach wird er, aufgeblasen und zugebunden, unter Wasser (Wassereimer) gehalten. Man kann die Stelle finden, wo sich das Loch befindet.
- Ein Luftballon (zugebunden) oder eine Tüte lässt sich zusammendrücken, allerdings weicht die Luft aus und verändert die Form des Behälters.
- Die in einer Spritze eingeschlossene Luft lässt sich mit viel Kraft ein wenig zusammendrücken.
- Mit Sand und Wasser gefüllte Tüten (Luftballons) verhalten sich ganz anders.
- Füllt man einen Gymnastikball prall mit Luft, dann kann man sich daraufsetzen und damit rollen.
- Taucht man eine leere Flasche ins Wasser und drückt sie zusammen, steigen beim Zusammendrücken Luftbläschen auf, ähnlich wie beim undichten Luftballon.
- Man bedeckt die Öffnung einer bis zum Rand mit Wasser gefüllten Flasche mit der Hand und hält sie dann mit der Flaschenöffnung nach unten so fest, dass kein Wasser hinausläuft. Zieht man die Hand nun vorsichtig ein wenig zurück, dann steigen Bläschen in die Flasche hoch und Wasser tropft herunter. Man kann an der Hand spüren, wie die Luft in die Flasche hineingeht.

Zu den gewonnenen Erkenntnissen sollen die Kinder ihre Erklärungen und besondere Beobachtungen artikulieren.

Weitere Experimente können z. B. das Hochschwimmen und Niedersinken in einem Meer von Luft sein. Dazu fülle ich verschiedene Ballons, oder besser noch durchsichtige Plastiktüten, mit Helium, Luft aus der Lunge, Wasser und Sand (heliumgefüllte Luftballons sind in Spielwarengeschäften erhältlich). Die gefüllten Ballons bzw. Tüten sollen einen vergleichbaren Umfang besitzen.

Ich werde sie alle gleich hoch halten und dann gleichzeitig fallen lassen.

Fragen und Beobachtungen der Kinder könnten sein:
Was ist gleich und was ungleich?
Welche Luftballons sinken im Meer von Luft, welche schwimmen hoch, welche fallen sofort auf den Boden?

Die Kinder bekommen von mir genügend Knete und drei unterschiedlich große, mit Helium gefüllte Luftballons an einer langen Schnur. Ich ermuntere sie dazu, diese erst einmal loszulassen. Alle Ballons steigen bis zur Decke hoch. Nun fordere ich die Kinder auf, sich eine Möglichkeit auszudenken, dass die Ballons nicht an der Decke kleben, sondern unterhalb der Decke schweben. Ich erwarte, dass die Kinder die Bindfäden mit Knete beschweren und dabei feststellen, dass sie unterschiedliche Mengen Knete für die Ballons brauchen, damit sie nicht die Decke berühren.

Mit diesen Vorüberlegungen gehe ich in den Kindergarten und wie erwartet wissen die Kinder viel über die »Luft« zu sagen. Es wird wieder deutlich, wie bereichernd es ist zu erfahren, was Kinder bereits wissen. Alle sind sofort der Meinung, dass ein Bär mit einem Luftballon nicht hochfliegen kann. Er sei ja schwerer als die Luft. Sie meinen auch, dass ein Luftballon mit einem Loch sofort alle Luft verliert und nicht segelnd hinabgleiten kann.

Als Nächstes füllen wir einen Ballon mit Luft, halten ihn zu und öffnen ihn dann ein wenig unter Wasser. Nachdem die Kinder beobachtet haben, wie die Bläschen blubbernd hinaufgestiegen sind, schlagen sie vor, dass man dies auch mit einem leeren Glas oder mit Plastikflaschen machen könne, denn darin sei ja auch Luft. Sie nehmen daraufhin herumstehende leere Plastikflaschen und tauchen sie langsam ins Wasser.

Auf meine Frage, wie man verhindern könne, dass ein Heliumballon nicht die Decke berührt, kommt sofort der Vorschlag, ihn mit einem Gewicht zu beschweren. Bis auf die ganz kleinen Kinder gelingt es allen, die Ballons so mit Knete zu beschweren, dass sie im Raum schweben. Sie entdecken auch, dass, um zu verhindern, dass der Ballon bis an die Decke fliegt, die Menge der Knete von der Größe des Ballons abhängt. Alle vierjährigen Kinder finden sehr schnell heraus, dass die Luftpumpe unten Löcher besitzt. Hält man diese zu, dann kann sie keine Luft saugen und es wird schwer, den Kolben hochzuziehen. Die Luftpumpe holt die Luft aus dem Zimmer.

Wie immer ist der tatsächliche Ablauf der Aktivitäten anders, als ich mir das vorgestellt hatte. Auch sind mir einige technische Unzulänglichkeiten aufgefallen. Zum Beispiel:

- Kleine Kinder tun sich schwer, einen Luftballon mit dem Mund aufzublasen. Man sollte daher die Luftballons schon einmal oder sogar mehrmals vorher aufblasen, die Luft dann wieder herauslassen und die Ballons den Kindern erst dann zur Verfügung stellen.
- Einige Kinder haben anfänglich Schwierigkeiten, mit der Luftpumpe fertig zu werden. Diese Kinder brauchen also Zeit, und man sollte sie ermuntern, nicht aufzugeben, weil sie die Bewegungsabläufe erst koordinieren lernen müssen. Wenn nötig sollte ein geschickteres Kind, das mit der Luftpumpe besser umgehen kann, helfen.
- Man sollte sich vorher davon überzeugen, dass die »Lochbohrung« mit der Nadel funktioniert.
- Man sollte möglichst große Luftballons mit Helium füllen, damit sie mit Gewicht beladen werden können.

Alle Kinder wissen, dass es windstille Tage gibt. Die Kategorie »windstill« ist ihnen also vertraut. Man muss mit ihnen besprechen, was an windstillen Tagen besonders auffällig ist. Kinder wissen auch über die enorme Kraft des Windes zu berichten. »Im Wald fallen Bäume um. Die Dachziegel werden vom Wind weggefegt. Ein Orkan kann sogar große Städte wegfegen.« Alle Kinder beschreiben, wie man die Luft fühlen, hören und sogar sehen kann. (»Wenn Luft über stilles Wasser geht, wenn Luft etwas bewegt, dann sieht man sie.«)

Implizit wissen die Kinder, dass sich die Luft bewegt, eine enorme Kraft entwickeln kann und auch Gewicht hat. Als ich sie frage, wie ein Segelschiff sich fortbewegt, wissen alle Kinder, dass der Wind die Segel aufbläht und das Schiff bewegt. Wir unterhalten uns über Drachen und Drachenflieger. Einige Kinder nennen auch Segelflugzeuge. Meine Frage, ob Segelflugzeuge auch Segel brauchen, finden alle Kinder zum Lachen. Allerdings können sie nicht erklären, wie ein Segelflugzeug ohne Motoren fliegen kann.

Wir bewegen die Luft.

Zehntes Kapitel
Was heißt Frühförderung und naturwissenschaftliche Bildung?

Auch in den Wissenschaften kann man eigentlich nichts wissen, es will immerzu getan sein.
J. W. Goethe

Seit einigen Jahren arbeite ich mit Kindergartenkindern zusammen. Je länger ich mit ihnen arbeite, umso fragwürdiger und ungenauer erscheinen mir zwei Begriffe, die seit PISA zunehmend mit den Erziehungsprozessen in Kindergärten assoziiert werden. Diese lauten: Frühförderung und naturwissenschaftlich-technische Bildung in Kitas. In einem Vortrag 2005 anlässlich einer Tagung der Telekom-Stiftung konstatierte der wohl populärste Apologet der Frühbildung, Wassilios Fthenakis, dass die Kinder in deutschen Kindergärten »chronisch unterfordert« und »falsch angesprochen« seien. Da ich nicht verstand, was mit chronischer Unterforderung gemeint sein könne und Herr Fthenakis auch nicht ausführte, an welchen Merkmalen man erkennt, dass Kindergartenkinder falsch angesprochen seien, habe ich in den letzten Jahren nach einer empirischen Erhebung gesucht, die diese Feststellungen erläutern und unterstützen könnte. Vergeblich. Betrachtet man die Inhalte naturwissenschaftlicher Bildungsprogramme, die Publikationen vieler Institutionen und die Modellversuche zur Frühförderung, dann muss man feststellen, dass letztlich alle auf eine Akademisierung der Kindheit zielen, weil aus dem Wesen und der Struktur der diversen Aufgabenstellungen weder die pädagogische Zielsetzung noch die Möglichkeit zu eigenen Erfahrungen und Entdeckungen eindeutig hervorgehen. Wenn dabei Lerngegenstände, die bisher für die Grundschule und Mittelstufe als geeignet erachtet wurden, ebenso gut für drei- bis sechsjährige Kinder passend sein sollen, dann fördern sie meiner Ansicht nach nicht die Entwicklung von altersgemäßer »Bewusstheit der Denkvorgänge« und somit auch nicht die Neigung des Kindes zu aktivem Erforschen und Erkunden.

Auch was genau in diesem Zusammenhang unter »naturwissenschaftliche Bildung in Kitas« zu verstehen ist, erschließt sich mir nicht. Und meine Ratlosigkeit nimmt ständig zu, unterstützt von Berichten über die vielerorts unternommenen Versuche, Kinder mit Fragen zu konfrontieren, die weit von ihrer Erfahrungswelt und ihren Erfahrungsmöglichkeiten entfernt sind. Stellvertretend für diesen Typus von Fragen, nenne ich folgende:

Brauchen Astronauten einen Raumanzug?
Warum schwimmen Eisschollen auf dem Wasser?
Wieso fliegt ein Ballon?
Warum fällt der Mond nicht herunter?
Wieso steigen Bläschen in der Fanta auf?
Warum wird ein Hühnerei beim Erhitzen hart?

Diese Fragen habe ich wiederholt Studenten und Lehramtskandidaten der Physik, Chemie und Biologie im achten bzw. sechsten Semester gestellt. Bis auf zwei Fragen, nämlich die nach den schwimmenden Eisschollen und dem nicht herunterfallenden Mond, mussten die Studenten passen. Die Entwickler solcher Programme zur sogenannten Frühförderung unserer Kinder behaupten jedoch, die Kinder könnten *spielerisch* und *experimentell* die Zusammenhänge erkennen. Vielleicht ist es tatsächlich so. Nur bin ich bisher keinem Kind begegnet, das mir solche oder ähnliche Fragen gestellt hätte, die außerdem oft keinerlei Bezug zu ihrer Erfahrungswelt haben.

Meine Erfahrung lehrt mich, dass Kinder die Welt ganzheitlich wahrnehmen. Daher können sie die Natur nicht als eine Zusammensetzung von desperaten physikalischen, chemischen und biologischen »Wundern« verstehen. Es wird jedoch argumentiert, Kinder könnten nicht alles verstehen, man müsse ihnen die Zusammenhänge eben erklären. Zu einer Erklärung gehört jedoch ein Gegenüber, in diesem Fall ein Kind. Ich muss daher überlegen, ob der Gegenstand meiner Erklärung so beschaffen ist, dass ich ihn dem Kind unter Berücksichtigung seines Vorwissens und seiner Erfahrungswelt überhaupt erklären kann. Ich muss mir gründlich überlegen, mit welchen Worten, Bildern, Gleichnissen, Kategorien, Beispielen, Methoden usw. ich den Kindern die oben genannten Fragen so verständlich machen kann, dass ein Verstehen der Zusammenhänge erreicht wird. Erklären ist nicht per se ein Garant für das Verstehen. Denn der Vorgang des Verstehens setzt voraus, dass ich etwas zum Gegenstand meines Denkens mache. Haben wir nicht in der Schule unendlich viel erklärt bekommen, und dennoch können sehr viele gebildete Menschen auf all die Erklärungen nicht zurückgreifen, um Wirklichkeitsphänomene zu verstehen oder gar sinnvoll zu erklären. Es ist ein Wissen aus zweiter Hand geblieben und ist folgerichtig zu einem inerten Wissen erstarrt.

Selbst wenn es irgendwie doch gelänge, alles zu erklären, bleibt es für mich rätselhaft, wie man die oben erwähnten

Fragen ohne folgende Begriffe überhaupt verständlich machen könnte:

- Zusammenhang zwischen Temperatur und kinetischer Energie der Teilchen, atmosphärischer Druck (Frage 1)
- Dichte, Aggregatzustände der Materie, die Anomalie des Wassers, Auftrieb (Frage 2 und 3)
- Massenanziehung, Ursachen und Art der Bewegung von Planeten (Frage 4)
- Löslichkeit von Gasen in Abhängigkeit von Druck und Temperatur (Frage 5)
- Aminosäuren, Denaturation (Frage 6)

Diese und sehr viele andere Zusammenhänge kann man meiner Ansicht nach nicht vereinfachen oder in Kategorien übersetzen, die einfacher verständlich wären, ohne sie zu verfälschen.

Aber vielleicht gibt es inzwischen einzigartige Erklärungsmuster, die all diese komplizierten Zusammenhänge dem Kind »spielerisch« sichtbar machen. Das wäre wirklich ein ungeheurer Fortschritt in der Didaktik.

Angenommen aber, wir haben in Deutschland geniale Kinder, die all dies mit Hilfe solcher Experimente erfassen und nun wissen, warum Astronauten einen Raumanzug brauchen und wieso Bläschen in der Fanta aufsteigen, dann bleibt immer noch die Frage, was diese Kinder mit diesem Wissen anfangen können, um neue Zusammenhänge zu entdecken, also wie sie ihr erworbenes Wissen vernetzen können, um neue Erfahrungen zu machen. Besteht denn das Lernen aus verschiedenen Aktivitäten, die untereinander keinen Bezug haben? Ist das Lernen nicht vielmehr in einen Entwicklungsprozess integriert? Ist der Vorgang des Lernens wirklich so einfach? Stiehlt man damit nicht den Kindern die Zeit, die sie brauchen, um im Spiel die Bewusstwerdung der Außenwelt und des eigenen Ichs zu erreichen? Wenn ein Kind gelernt hat zu stehen, dann will es auch das Laufen lernen und will sich nicht mehr damit begnügen zu krabbeln.

Leider gibt es eine Überfülle von Zeitschriften, Büchern, von Projekten und Lernfabriken wie z. B. das schon erwähnte »Haus der kleinen Forscher», »Little Giant« oder »Science Lab«, die zu vielfältigen Themen Rezepte zum Erlernen von naturwissenschaftlichen Zusammenhängen feilbieten. Die Verantwortlichen argumentieren, dass es angesichts der PISA-Studie dringend notwendig sei, Naturwissenschaften bereits im Kindergarten einzuführen. Diese Schlussfolgerung ist allerdings ein reines Konstrukt. Mit bestem Willen kann man die Befunde der PISA-Studie nicht dahin gehend interpretieren, dass in Zukunft die fünfzehnjährigen Jugendlichen in den Naturwissenschaften bessere Leistungen erzielen würden, wenn ihnen bereits im Kindergarten die Möglichkeit eingeräumt wird, als Forscher zu agieren. Hierbei wird dem Experiment stets die zentrale Rolle zugewiesen. Die Begründungen dafür haben aus meiner Sicht den Charakter von unverrückbaren Feststellungen. Als exemplarisch für viele andere seien folgende erwähnt:

- Experimentieren erweitert das methodische Instrumentarium der Lernenden.
- Es vermittelt die Möglichkeit, Erfahrungen planmäßig herbeizuführen, zu überprüfen und zu verallgemeinern.
- Es schafft und stabilisiert ein kritisches Bewusstsein, das durch Einstellungen wie beispielsweise Neugier, Objektivität geprägt ist.

Es wird festgestellt, experimentieren könne das methodische Instrumentarium erweitern, doch es fragt sich, um *was für ein* methodisches Instrumentarium es sich hierbei handelt. Erweitert kann ja nur etwas werden, was bereits vorhanden ist. Woher weiß man denn, welches Instrumentarium die

Kinder bereits besitzen? Durch welche Attribute zeichnet es sich denn aus? Oder gibt es nur eine Kategorie von methodischem Instrumentarium, die möglicherweise bereits in den Köpfen der Didaktiker *vorhergebildet* ist? Dies ist vermutlich so. Denn es geht nicht darum, dass es vielleicht möglich wäre, zu erfahren, ob Kinder tatsächlich unterschiedliche methodische Instrumentarien besitzen, die möglicherweise den akademischen Ansprüchen genügen und darüber hinaus bedeutende Einblicke in die Denkstrukturen der Kinder vermitteln könnten. Immerhin wäre dies eine wichtige Aufgabe für die Didaktik. Offensichtlich beziehen sich die akademischen Ansprüche auf ein Wertesystem, das das Denken und das Alltagsverständnis der Kinder als zweitrangig betrachtet, weil vorrangig das formalisierte Denken für das Verstehen der Naturwissenschaften als adäquat erachtet wird. Die Fähigkeit zur Abstraktion setzt jedoch eine gründliche Auseinandersetzung mit konkreten Ereignissen der Wirklichkeit voraus. Es wird leicht übersehen, dass im Rahmen der Schulen und Kindergärten die Naturwissenschaften die gleiche Aufgabe haben wie die anderen Wissenschaften auch. Nämlich als Mittel zur Erziehung zum Denken, um die Welt besser zu verstehen.

Ich bin ratlos, wie Erfahrungen mit und ohne Experimente »planmäßig herbeigeführt werden können«, was mit der »Stabilisierung des kritischen Bewusstseins« gemeint sein könnte und wie ein »Bewusstsein durch Objektivität geprägt« werden könnte, wenn Kinder sich mit Ereignissen auseinandersetzen sollen, die fern von ihren Erfahrungsmöglichkeiten liegen. Gewiss, es wäre bequem, planmäßig Erfahrungen zu vermitteln und von vornherein zu wissen, welche Erfahrungen die Kinder und Jugendlichen mit welchem Instrumentarium machen können. Solch ein Denken betrachtet die Kinder als Konsumenten von vorausgedachten Lernzielen.

Dies verdeutlichen auch die ausgewählten Themen und Experimente, die in der Regel den Kindern keinen Raum bieten, sich kritisch und unbefangen in das Geschehen einzubringen oder es in Frage zu stellen.

Meist werden altbekannte Experimente in neuem Gewand als Zugang zu Naturphänomenen angeboten. Alltagsbezug wird stets betont, und man versichert, dass man die Kinder ernst nimmt. Die Tatsache, dass das Angebot sowohl für Kindergärten als auch für die Grundschule als geeignet erachtet wird, offenbart die Unkenntnis über den Zusammenhang von Alter und Wahrnehmungsmöglichkeit. Frage ich beispielsweise ein dreijähriges Kind, ob im Zimmer Luft sei, dann verneint das Kind. Fragt man es: »Wieso meinst du, dass im Raum keine Luft vorhanden ist?«, dann erhält man die Antwort, weil alle Fenster geschlossen seien und die Luft nicht hinein könne. Sechsjährige Kinder dagegen haben keine Zweifel daran, dass der Raum auch bei geschlossenen Fenstern Luft enthält. Auch hierin erkennt man die Beliebigkeit der Fragestellungen und die Dominanz des akademischen Denkens.

Die gleiche Willkür und Beliebigkeit ist auch am Charakter vieler Fragestellungen ablesbar. Man fragt sich, aus welchen Gründen die Frage, warum Tintenfische Tintenfische genannt werden, untersuchenswert sein soll und nicht beispielsweise die Frage, warum Elefanten Plattfüße haben. Wie soll man entscheiden, welche von diesen beiden Fragen besser für die Drei- bis Fünfjährigen geeignet bzw. überhaupt sinnvoll wäre.

Die kognitiven Wissenschaften und die Hirnforschung lehren uns, dass das Lernen nicht eindimensional, sondern sehr vielschichtig ist. Beobachtet ein Kind beispielsweise das Aufsteigen eines Luftballons, dann werden im Netzwerk des Gehirns Neuronen stimuliert, die mit dem Vorgang des Sehens, der Bewegung, des Erinnerns, des Assoziierens, des Schlussfolgerns verbunden sind. Jede Erfahrung vermittelt also Informationen, die das Gehirn im Netzwerk so verteilt, dass sie mit den bereits vorhandenen Informationen vernetzt werden. Zudem sind soziale, intellektuelle und emotionale Aspekte beim Vorgang des Lernens eng miteinander verwoben. Die Qualität jedes Lernens ist unabdingbar vom Grad der linguistischen und sozialen Interaktionen mit Eltern, anderen Kindern, Lehrern usw. verbunden. Offensichtlich spielen, die Sprache und die soziale Umgebung eine herausragende Rolle für den Erwerb von zahlreichen Kompetenzen, wie zum Beispiel Problemlösungsstrategien, Vorstellungsvermögen, die Entdeckung von neuen Zusammenhängen. Projiziert man diese Erkenntnisse auf die Kindergärten, dann müssten alle Aktivitäten darauf hinzielen, die sprachlichen und sozialen Kompetenzen der Kinder zu fördern. Damit ist für mich auch die Rolle der Naturwissenschaften im Rahmen von Kitas eindeutig.

In diesem Kontext möchte ich an dieser Stelle die Entwicklungspsychologin Margaret Donaldson zitieren: »Das wichtigste Symbolsystem, das dem Vorschulkind zugänglich wird, ist die gesprochene Sprache. Der erste Schritt besteht somit darin, die Sprache begrifflich zu erfassen – sich ihrer als eines selbständigen Gebildes bewusst zu werden und sie aus ihrer Einbettung in den Fluss der Ereignisse herauszulösen.«

Ich denke, die Beschäftigung mit den Bildern der Natur ist nur in einem dialogischen Prozess zu verwirklichen. Dialog ist ein Vorgang der personalen Begegnung, der uns hilft, Kinder als Wissende zu erleben. Wir erfahren dann, wie Kinder über ihre Erfahrungen reflektieren und welche Aspekte ihrer

»Weltbegegnung« ihnen rätselhaft erscheinen. Kinder sollten bei allen Tätigkeiten darin ermutigt werden, ihre Meinungen zu artikulieren, Vermutungen anzustellen, Erlebnisse zu verbalisieren, Theorien und Hypothesen zu bilden. Dies ist die wichtigste Aufgabe der Erwachsenen und in ihrer Bedeutung für den Bildungsprozess der Kinder kaum zu überschätzen. Sie besteht darin, die potentiellen Fähigkeiten der Kinder zu erkennen und sich zu überlegen, wie man sie an geeigneten Aufgaben vertiefen und bei forschenden Aktivitäten zur Geltung bringen könnte.

Im dialogischen Prozess wird uns auch deutlich, dass Kinder für das Verstehen und Erlernen von Zusammenhängen über Fähigkeiten verfügen, wie z. B. die der Analogiebildung und Nachahmung; des Argumentierens und Schlussfolgerns; der Unterscheidung zwischen Ursache und Wirkung; des zufälligen und des unbewussten Registrierens von Ereignissen und Bildern. Insgesamt beschreiten Kinder gleiche Wege des Lernens wie die Erwachsenen auch. Im Vergleich zu den Erwachsenen verfügen sie naturgemäß über wenig Erfahrung. Der Zuwachs an Erfahrung setzt voraus, dass sie immer wieder angeregt werden, ihr vorhandenes Wissen mit neuen Erlebnissen zu vernetzen, Konzepte zu bilden, um weitere Zusammenhänge zu verstehen. Dies fordert die Kinder heraus, neue Erkenntnisse sinnvoll zu organisieren und sie gezielt anzuwenden. So lernen sie allmählich, wie ein dialogischer Prozess eine Vielfalt von Ideen hervorruft und darüber hinaus hilft, neue Handlungskompetenzen bzw. Fertigkeiten zu entwickeln. Ohnehin entwickeln Kinder auch ohne bewusste Begegnung mit den Naturphänomenen ihre Vorstellungen über die Welt, doch bleiben diese naiv, wenn sie nicht bereits im Kindesalter eine forschende Durchdringung erfahren. Diese forschende Durchdringung sollten wir uns nicht wie unseren eigenen Physikunterricht vorstellen, sondern als

Beiwerk spielerischen Handelns. Und hier lauert eine weitere typische Missdeutung: Geradezu leichtfertig reden wir oft von »spielerischen Angeboten« wenn wir in niedlicher und vermeintlich kindlicher Form unsere Themen den Kindern unterschieben. Hier wird der Begriff »spielerisch« zum Trojanischen Pferd, wie Gerd Schäfer es ausdrückt. Mit dem Lustvoll-Ernsthaften, dem Angestrengt-Leichten des originären Spiels der Kinder hat dies wenig zu tun. Bedeutend bleiben in diesem Kontext das Zusammenspiel, die Auseinandersetzung mit anderen Kindern, auch ohne die Aufsicht eines Erwachsenen. Denn dadurch erlangen sie die Bewusstheit und Vertiefung ihrer individuellen Fähigkeiten.

Wir sollten uns davor hüten, das Nachmachen der vielfältigen Experimentiervorlagen mit naturwissenschaftlicher Bildung zu verwechseln. Es reicht, wenn wir selber lernen, über Naturphänomene zu staunen. Denn Staunen löst Fragen aus und regt das Nachdenken sowie das Ordnen unserer Erfahrungen an. Die Lehrenden sollten lernen, sich auf ihre eigene »Welterfahrung« zu besinnen, damit es ihnen gelingt, unbefangen wie die Kinder zu denken. Die Dialoge mit den Kindern werden nur gelingen, wenn wir von einem Denken wegkommen, das nur noch die akademisch geprägten Interpretationen der Natur als das einzig gültige erachtet und uns suggeriert, dass seine Deutungsmuster der Wirklichkeit die Wirklichkeit selbst abbilden. In diesem Kontext gilt der Bildungsbegriff, den Martin Wagenschein wie folgt formuliert hat:

»Im Begriff der Bildung liegt es, dass sie wählt und einordnet. Bildung und Vollständigkeit schließen sich aus. Was gewählt wird, ist, oder sollte es bis zu einem gewissen Grad sein: Sache des Einzelnen, des Schülers, des Lehrers, des Schultyps.«

Folgende Prinzipien sollten aus meiner Sicht stets beachtet werden:

- Das Bemühen der Kinder, eine Sache zu bewältigen, hat immer einen höheren Stellenwert als die Wertung des Ergebnisses ihrer Anstrengungen.
- Es gibt weder falsche noch richtige Arbeitsweisen, Ergebnisse, Schlussfolgerungen, Ideen und Vorstellungen. Die Kinder liefern stets Argumente dafür, warum ihre Erkenntnisse mit ihren Beobachtungen übereinstimmen. Diese dürfen wir zunächst nicht in Zweifel ziehen, weil dadurch der Forschungsdrang und der Prozess der Korrektur und Erkenntniserweiterung unterbrochen oder gehemmt werden kann.
- Was Kinder als Ergebnis ihrer Entdeckungen betrachten und argumentativ verteidigen, muss aufgegriffen werden. Vorteilhaft ist, die Vielfalt der individuellen Ergebnisse mit allen Kindern zu besprechen, damit sie selbst auf eventuelle Widersprüche stoßen und sich zugleich mit den Ideen und Ergebnissen anderer Kinder auseinandersetzen können.
- Wenn die Kinder in einer anregenden Atmosphäre an Sachen und Ereignissen teilhaben können, die ihre Neugierde und die Phantasie anregen, dann werden sie auch Fragen stellen.

Ausgehend von meinen Erfahrungen muss ich feststellen, dass der Alltag der Kindergärten häufig durch Überforderung der Erzieherinnen gekennzeichnet ist. Um dies zu verdeutlichen, werde ich im Folgenden davon berichten, was mir bei der Zusammenarbeit mit mehr als fünfhundert Kindern in verschiedenen Kitas immer wieder aufgefallen ist.

Die Kindheit ist – wie wir alle wissen – eine bedeutende Zeitspanne im Leben. Im glücklichsten Fall bedeutet diese eine kreative Wechselwirkung zwischen den individuellen

Bedürfnissen der Kinder und der Vermittlung von Erfahrungen, Sprach- und Sozialkompetenzen, die letztlich den Grundstock für die kognitive und seelische Bewältigung von zukünftigen schulischen Herausforderungen bilden. Nun sind Kindertagesstätten keine hermetischen Welten. Sie spiegeln nicht nur die veränderten Familienstrukturen – viele Kinder wachsen ohne Geschwister und nur mit einem Elternteil auf – sondern auch die sozio-politischen Widersprüche und die Defizite der gesellschaftlichen Wirklichkeit wider. Wir leben in einem Zeitalter der sich dynamisch verändernden sozialen und kulturellen Strukturen. Werte wie eine gemeinsame soziale und kulturelle Identität verlieren im Alltag ihre Bedeutsamkeit. Vorurteile und Mechanismen der Ausgrenzung von Menschen mit anderem sozialen oder kulturellen Hintergrund nehmen zu. Die ökonomische Lage der Kinder und Jugendlichen in Deutschland bewertet die jüngste UNICEF-Studie relativ negativ: Deutschland nimmt in Europa den vierzehnten Platz ein. Was das subjektive Wohlbefinden der Kinder betrifft, so befindet sich Deutschland auf dem neunten Platz. Unzweifelhaft existiert in Deutschland eine Kluft zwischen einem privilegierten und einem nicht privilegierten Aufwachsen.

Es gibt viele Kinder, die beim Eintritt in den Kindergarten mangelhafte soziale Kompetenzen aufweisen, sich auffällig unruhig und unausgeglichen verhalten, ein ausgeprägtes Bedürfnis nach Zuwendung und körperlicher Nähe haben und eine defizitäre Sprachkompetenz besitzen. Sie verhalten sich insgesamt so, dass einem der Gedanke kommen könnte, ihnen fiele das Leben schwer, weil sie familiären Halt, Verlässlichkeit und Geborgenheit vermittelnde Orientierungen vermissten. Das Verhalten auffällig gewordener Kinder spiegelt jedoch gesellschaftliche Defizite wider. Identitätsfindung durch verlässliche Gefühlsbindung an Kinder und Heranwachsende ist für viele Menschen anscheinend in unserer modernen Welt nicht leistbar.

Vor diesem Hintergrund nehme ich die Kindergärten als Orte der Friedfertigkeit und eines unglaublich ermutigenden Optimismus wahr. Dieser Optimismus offenbart sich in der Überzeugung, dass alle Herausforderungen bewältigbar sind, solange man jedes Kind darin unterstützen kann, seine konstruktiven Kräfte zu entfalten, um sich in die vielschichtige Gemeinschaft zu integrieren. Die Kitas sind heute Orte, wo engagierte Erzieherinnen versuchen, ungelöste soziale und politische Probleme in den Griff zu bekommen. Es ist ein Wunder, dass trotz der evidenten Schwierigkeiten, der eklatant fehlenden professionellen Unterstützung und der unwürdigen Vergütung ihrer Arbeit, Erzieherinnen tagtäglich darum bemüht sind, den Kindern ein ungestörtes Erleben der Kindheit zu ermöglichen. Mithin sind die Kindergärten vermutlich die einzigen Orte, die sehr vielen Kindern die Begegnung mit anderen Kindern, das zusammen Spielen, die Bewältigung von Konflikten, das Entdecken und Entfalten von eigenen Gefühlen, das Hinnehmen von Frustrationen, das Zurückstellen eigener Wünsche, die Wahrnehmung der Eigenart des Anderen ermöglichen. In diesem Mikrokosmos hat jedes Kind potentiell die Chance zu erfahren, was die anderen Kinder mit ihrem Tun und Sprechen meinen, und wie es sich selbst in neuen Situationen verhalten und begreifen kann. Kindergärten sind somit auch Orte, wo jedes Kind im Zusammensein und Zusammenspiel mit anderen Kindern die Fähigkeit entwickeln kann, über seine Sprache und sein Denken zu reflektieren.

In diesem Zusammenhang frage ich mich, wie ich das Prädikat »Frühförderung« verstehen soll. Darf ich es in Verbindung bringen mit einigen Begriffen – und ich nenne hier nur wenige – wie zum Beispiel Ermutigung, Zuwendung, Stärkung des Selbstvertrauens, Implementierung von Ritualen und Regeln zum Wohle der Gemeinschaft, wertschätzender Akzeptanz der Vielfalt?

Stellen Sie sich vor, ich bin in einem Integrationskindergarten in Luckenwalde. Mit einer Gruppe von Kindern habe ich den Vormittag damit verbracht herauszufinden, ob sich im Sandkasten statt Sand genauso gut Gartenerde befinden könnte. Nach getaner Arbeit sitzen wir nun am Mittagstisch. Es gibt Nudeln mit Tomatensoße. Einige Kinder mögen keine Tomatensoße und essen nur die trockenen Nudeln. Ich frage, ob ihnen die Nudeln so schmecken, und sie bejahen dies glaubwürdig. Kein Kind jammert oder lehnt das Essen ab. Ganz im Gegenteil, alle machen einen sehr zufriedenen Eindruck. Ich versuche, beim Mittagessen mit den Kindern ins Gespräch zu kommen, doch die Erzieherin klärt mich darüber auf, dass beim Essen nicht gesprochen wird. Alle Kinder schauen mich an und nicken, als wollten sie mir signalisieren, dies sei ein Wert, den auch der Gast schätzen muss. Ich bin völlig überwältigt von dieser unglaublichen Bescheidenheit und Disziplin:

Ist dies auch Frühförderung?

Am darauffolgenden Tag arbeite ich in der gleichen Kita mit einer anderen Gruppe zusammen. In dieser Gruppe befinden sich auch Kinder mit schweren Behinderungen. Ein Kind wird zum Beispiel über eine Sonde ernährt. Wir gehen nun der Frage nach, ob die Pflanzen das Wasser auch über die Blätter aufnehmen können. Nach vielen kleinen Untersuchungen formuliert ein Kind das Ergebnis so: »Die Blätter, die Haut von Menschen und Tieren, das Gefieder der Vögel, der Regenmantel trinken das Wasser nicht, während es von Hemden, Pullovern, Papier und Erde getrunken wird.« Wir beenden die Arbeit vorläufig, weil es nun Mittagessen gibt. Die Erzieherin teilt das Essen aus und muss sich um ein Kind kümmern, das die Nahrung nicht selbständig zu sich nehmen kann. Sie behält gleichzeitig alle anderen Kinder im Blick und versorgt sie mit Nachschlag, wenn sie dies wünschen. Es herrscht wundersame Ruhe und Zufriedenheit. Die Kinder finden es selbstverständlich, dass sie in einer Gemeinschaft sind, die keine Ausgrenzung von Behinderten kennt. Sie finden es völlig in Ordnung, dass die hilfebedürftigen Kinder mehr Zuwendung benötigen:

Ist dies auch Frühförderung?

Stellen Sie sich vor, ich bin in einer Kita in Potsdam. Ich arbeite mit einer Gruppe von dreijährigen Kindern zusammen. Wir überlegen uns, ob wir auch ohne Licht sehen können. Wir untersuchen gegenseitig unsere Augen und stellen erstaunt fest, dass die Augenfarbe nicht bei allen Kindern gleich ist, während die Iris immer rund und schwarz ist. Wir nehmen ein Blatt Papier und schneiden mit offenen Augen mit einer Schere einen Kreis aus. Dies wiederholen wir mit geschlossenen Augen und vergleichen die beiden ausgeschnittenen Kreise miteinander. Da die Kinder über all diese Entdeckungen sehr aufgeregt sind, beschließen wir, uns zu beruhigen und die Stille mit geschlossenen Augen zu hören. Es herrscht für Minuten vollkommene Stille, kein Kind will diese Stille unterbrechen. Auf ein Zeichen von mir dürfen sie die Augen wieder öffnen und reden. Ich frage, ob sie die Stille gehört hätten. Alle Kinder bejahen dies und möchten die Stille noch einmal hören:

Ist dies auch Frühförderung?

Stellen Sie sich vor, ich bin in Teltow in einem Kindergarten und beobachte die Arbeit einer Erzieherin. Mir fällt auf, dass die Erzieherin niemals ihre Stimme erhebt, auch nicht, wenn es einmal laut und unruhig wird. Sie spricht mit jedem Kind in einem beruhigenden, verbindlichen Ton und es entgeht ihr niemals, was ein Kind sagt, selbst wenn sie gerade im Gespräch mit einem andern Kind ist. Und weil sich jedes Kind von ihr wahrgenommen fühlt, will es ihr das auch zeigen und erzählen, was es gerade entdeckt hat. Soeben haben die Kinder herausgefunden, dass Pflanzenblätter, wenn sie nass sind, auf der Haut, auf Glas, Stein, Papier usw. kleben und vom Gegenstand nicht herabfallen, solange sie nass sind. Das Wasser hat also klebende Eigenschaften. Im Gespräch erinnern sie sich, dass auch ihre Haare nach dem Duschen wie zusammengeklebt aussehen. »Man muss sie föhnen, damit sie auseinandergehen«. Die Kinder kleben nun Pflanzenblätter kunstvoll auf diverse Materialien und möchten ihre Kunstwerke der Erzieherin zeigen. Es entsteht allgemeine Aufregung, doch kein Kind drängelt sich vor, sondern alle warten ab, bis die Erzieherin Zeit hat, um sein Exponat zu bestaunen.

Ist dies auch Frühförderung?

Stellen Sie sich vor, ich bin in einer Kita in Offenbach am Main. In dieser Stadt hat jede Kita einen sehr hohen Anteil an Kindern, manchmal bis zu 96 Prozent, deren Muttersprache nicht Deutsch ist. Ich arbeite gerade mit einer Gruppe zusammen, wo acht verschiedene Herkunftsländer vertreten sind. In der Art und Weise, wie die Kinder einander zuhören, miteinander umgehen, fällt dies jedoch gar nicht auf. Was auffällt, ist ein Kind, das an dem Tag zum ersten Mal die Kita besucht. Es ist gerade drei Jahre alt geworden. Da es kein Wort Deutsch versteht, fängt es plötzlich zu singen an. Es singt so ungehemmt laut, dass alle anderen Kinder erst einmal verstummen müssen. Doch kein Kind herrscht es an oder findet sein Benehmen lächerlich. Ganz im Gegenteil. Einige Kinder versuchen nun mit Hilfe von Zeichensprache, dem Kind klarzumachen, dass es mit seinem Gesang alle stört und es das sein lassen soll. Andere Kinder streicheln es in der Hoffnung, es würde sich dann beruhigen. Dieses Ritual wiederholt sich zweimal, doch danach hat das Kind verstanden, was die anderen Kinder von ihm wollen und gibt tatsächlich Ruhe. Das Kind hat offensichtlich durch nicht-sprachliche Formen verstanden, wie es sich verhalten soll, und ist daher bereit, Selbstkontrolle zu entwickeln. Dieser aus meiner Sicht enorm bedeutende Prozess wird von der Erzieherin unterstützt.

Ist dies auch Frühförderung?

In vielen Kindergärten fällt mir auf, dass die Erzieherinnen dem freien Spiel eine größere Bedeutung beimessen als dem Erlernen von Russisch, Englisch oder Japanisch.

Ich finde: All dies ist echte Frühförderung!

Dank

Ich habe das Privileg gehabt, mit den Kindern und Mitarbeitern der Kitas der Stadt Offenbach und des Landes Brandenburg zu arbeiten. Mein Dank gilt allen Kindern und Mitarbeitern dieser Einrichtungen. Ohne ihre Hilfe hätte ich nicht die neuen Erkenntnisse für meine Arbeit gewinnen können, die in diesem Buch dokumentiert sind.

Mein besonderer Dank gilt Ingrid Ansari für ihre kreative Kritik und Verbesserungsideen.

Bildnachweis

Fotos: Kita Offenbach, Kita Teltow
Foto Seite 127: B. Buschbaum, Mainz
Zeichnung Seiten 102–104: Paula Siegfarth
Zeichnung Seiten 134f, 198: Aus: A. A. Milne, Pu der Bär, Zürich 1981

Literaturempfehlungen

Ansari, S.: Schule des Staunens, Heidelberg 2009

Ansari, S.: Kinderfragen. Prosa-Reihe, Heft Nr. 1. Leibnitz-Institut for Science Education (IPN), University Kiel 2003

Carey, S.: »Conceptual Changes in Childhood«, Cambridge, MA: MIT Press, 1985

Donaldson. M.: Wie Kinder Denken, München 1991

Mason, J.: Geschichte der Naturwissenschaft in der Entwicklung ihrer Denkweisen, Diepholz 1997

Piaget, J.: The Childs Conception of the World (Das Weltbild des Kindes). London 1929

Vygotski, L. S.: Das Spiel und seine Bedeutung in der psychischen Entwicklung des Kindes. In: Daniel. Elkonin: Psychologie des Spiels. Köln 1980, S. 441–465

Wagenschein, M.: »Ursprüngliches Verstehen und exaktes Denken«, Stuttgart 1970

Wagenschein, M.: »Naturphänomene Sehen und Verstehen«; hrsg. Berg, H. C., Stuttgart, Wissen und Bildung, 1995

Wagenschein, M.: Das exemplarische Lehren als ein Weg zur Erneuerung des Unterrichts. In: Schriften zur Schulreform Heft 11, Hamburg 1964

Weiterführende Literatur, Zeitungsartikel und aktuelle Berichte über die Projekte und die Arbeit von Salman Ansari finden Sie auf: www.salmanansari.info